Codicele Cultului lui Hristos

Secretele Religilor Abrahamice

Dan Desmarques

22 Lions

Codicele Cultului lui Hristos: Secretele Religiilor Abrahamice

Scris de Dan Desmarques

Index

Introducere

„Codicele Cultului lui Hristos" este o explorare cuprinzătoare a adevărurilor ascunse și a tacticilor de manipulare încorporate în religiile abrahamice, cu un accent special pe creștinism. Scopul acestei cărți este de a expune straturile de înșelăciune și control care au modelat credințele și practicile religioase timp de secole, influențând viețile a miliarde de oameni din întreaga lume.

Pe măsură ce porniți în această călătorie, veți găsi o examinare critică a fundamentelor religiilor abrahamice, interpretări istorice și contemporane ale figurilor și evenimentelor importante, precum și impactul profund pe care aceste credințe l-au avut asupra societății. Veți explora originile ideologiilor monoteiste, rolul interferențelor extraterestre în modelarea narațiunilor religioase și tacticile manipulatoare folosite de instituțiile religioase pentru a menține controlul asupra adepților lor.

„Codicele Cultului lui Hristos" urmărește să îi responsabilizeze pe cititori, oferindu-le cunoștințele și instrumentele necesare pentru a pune sub semnul întrebării și a contesta dogme care au fost acceptate multă vreme fără discuție. Prin spargerea vălului ignoranței și descoperirea înșelăciunilor care pătrund în învățăturile religioase, putem începe să ne trezim conştiința şi să pășim pe calea adevăratei iluminări şi eliberări spirituale.

Această carte nu este doar un exercițiu academic, ci o chemare la acțiune. Ea încurajează cititorii să gândească critic, să pună la îndoială autoritatea şi să caute adevărul dincolo de limitele doctrinei religioase. Prin înțelegerea contextelor istorice şi contemporane ale credințelor religioase, este posibil să navigăm mai bine în complexitatea lumii noastre şi să lucrăm pentru o societate mai dreaptă şi mai plină de compasiune. Explorați partea întunecată a credinței şi a puterii, secretele ascunse ale instituțiilor religioase şi potențialul de ascensiune dincolo de limitele cultului lui Hristos. Cu ajutorul acestei cărți, puteți descoperi adevărul şi parcurge o nouă cale către trezirea spirituală şi eliberare.

Capitolul 1: Abraham decodificat

Religiile abrahamice sunt practicate astăzi de aproximativ 4 miliarde de oameni, ceea ce reprezintă aproximativ jumătate din populația lumii. Aceasta înseamnă că multe dintre valorile, alegerile și gândurile noastre sunt condiționate de ceea ce predică aceste religii. Cu toate acestea, puțini îndrăznesc să pună la îndoială validitatea lor, în ciuda faptului că au perpetuat conflicte, genociduri și eradicarea a nenumărate civilizații de-a lungul a mii de ani, toate în numele unei zeități.

Cei capabili de o conștiință superioară vor vedea adevărul și îl vor găsi eliberator, în timp ce cei încă prinși în seducția religiilor abrahamice vor rămâne în întuneric. Mulți profeți ne-au avertizat cu privire la minciunile care ne îndepărtează de adevăr. Omenirea a fost înșelată și manipulată în numele unui fals care are consecințe de mare amploare asupra modului în care modelăm lumea.

Ca rasă planetară, putem continua să evoluăm doar dacă ne educăm și nu mai creăm războaie care nu sunt niciodată justificate atunci când sunt promovate în numele unui zeu fals. Deși adevărul poate fi șocant, el va dezvălui, de asemenea, multe despre natura noastră ascunsă şi ne va elibera spiritual. Această eliberare din lanţurile dogmei va permite, în timp, o conştiinţă planetară mai mare şi mai evoluată.

Fiinţele umane au avut întotdeauna nevoie de un profet sau de un guru pentru a stabili o conexiune cu Divinul. În unele cazuri, aceşti profeţi au fost numiţi Dumnezeu reîncarnat. Hristos nu a fost prima figură care a fost văzută în acest fel. Cu toate acestea, denaturările şi neînţelegerile care s-au acumulat în jurul învăţăturilor lui Iisus sunt atât de mari încât puţini îl pot înţelege cu adevărat astăzi. Tipul de creştinism care este popularizat este mai mult în concordanţă cu valorile romane antice şi cu opiniile politice decât cu cuvintele lui Iisus. Putem vedea acest lucru într-o conversaţie între Hristos şi Iuda, în care Iisus îi spune acestuia (în Evanghelia lui Iuda): „Ridică-ţi ochii şi vezi norul, lumina de pe el şi stelele din jurul lui. Steaua care călăuzeşte drumul este steaua ta".

Prin această frază, Isus se prezintă ca un maestru al conştiinţei colective, prezent în întregul univers. El nu era unic în cuvintele sale, ci un reprezentant al acestei conştiinţe manifestate în multe alte galaxii şi planete. Cu toate acestea, ca orice alt lider popular, cuvintele sale au fost ulterior distorsionate pentru a consolida agendele menite să manipuleze masele. După această frază, vedem că Iuda „şi-a ridicat ochii şi a văzut norul luminos şi a intrat în el".

Există dovezi abundente ale contactului extraterestru în interacţiunile dintre Isus şi îngeri. Cu toate acestea, mulţi creştini insistă să descrie îngerii ca fiind fiinţe înaripate, o reprezentare liniară folosită pentru a explica existenţa oamenilor din alte galaxii. Deşi mulţi creştini din zilele noastre iau în derâdere posibilitatea ca îngerii lor să fie doar oameni de pe alte planete, aici avem o referire la Iisus și Iuda care se alătură îngerilor într-o navă spațială și călătoresc prin univers în căutarea înțelepciunii. Deci, de ce l-ar trăda Iuda? El nu l-a trădat! Iisus a văzut trupul ca pe un obstacol în calea înălțării sale. El încerca să scape de moarte până când își încheia lucrarea pe Pământ, iar moartea sa ar fi fost binevenită atunci când acest lucru s-ar fi întâmplat. Aceeași Evanghelie ne arată acest lucru atunci când Iisus îi spune lui Iuda: „Tu îl vei sacrifica pe cel care mă îmbracă".

Cu ajutorul lui Iuda, moartea lui Iisus îi va elibera spiritul pentru a se alătura frăției din care provenea. Iisus a fost un Starseed și un Avatar. El a fost unul dintre cei mulți care au venit pe Pământ de-a lungul istoriei, în special în ultimii ani, pentru a împărtăși învățăturile civilizațiilor avansate. Adevăratele învățături ale lui Iisus sunt în concordanță cu învățăturile altora care, la fel ca el, au încercat să reprezinte colectivul la niveluri superioare de existență. Când comparăm aceste învățături cu multe altele înrădăcinate în același adevăr al conștiinței galactice, vedem că ele vorbesc același lucru, indiferent cât de departe sunt de înțelegerea maselor, chiar și după mii de ani.

Există trei tipuri de apariții asociate cu îngerii: extratereștrii de natură benignă sau răuvoitoare; sufletele persoanelor decedate; și manifestările artificiale stimulate de hipnoză sau de consumul de droguri. Nu există alte tipuri de îngeri în afară de cei din aceste grupuri. Prin urmare, atunci când oamenii susțin că văd îngeri, așa cum se arată în broșurile creștine, probabil că au de-a face cu îngeri de al treilea tip, care pot fi creați de primul grup sau chiar de tehnologia terestră.

Grupurile terestre sau extraterestre pot folosi, de asemenea, droguri pentru a-şi atinge obiectivele prin halucinaţii induse. Cartea Apocalipsei, care are un efect atât de chinuitor asupra psihicului multor creştini, este un exemplu de text scris de un om aflat sub influenţa drogurilor halucinogene extraterestre.

Capitolul 2: Revelația dezvăluită

Î n Apocalipsa 10:8-11, Ioan ne spune: „Vocea pe care o auzisem din cer mi-a vorbit din nou, spunându-mi: "Du-te și ia sulul cel mic care este deschis în mâna îngerului care este deasupra mării și deasupra pământului. M-am dus la înger și i-am zis: 'Dă-mi sulul cel mic. El mi-a răspuns: „Ia-l și mănâncă-l, căci îți va amărî pântecele, dar în gura ta va fi dulce ca mierea. L-am luat din mâna îngerului și l-am mâncat, iar în gura mea a fost dulce ca mierea; după ce l-am mâncat, burta mi-a devenit amară.

Acest pasaj îl descrie pe Ioan fiind drogat înainte de a primi imagini apocaliptice. Aceste viziuni nu aveau nimic de-a face cu faptele, ci erau doar fotografii sau desene create artificial pe care cineva le-ar putea crea astăzi pe un computer. Nu ar trebui să presupunem că oamenii de atunci puteau face diferența. Dacă astăzi este ușor să păcălești oamenii cu inteligență artificială, cu siguranță ar fi fost mai ușor într-o perioadă în care tehnologia nu era disponibilă. De fapt, dacă John ar fi văzut un film apocaliptic la televizor, ar fi crezut că este real, deoarece ei habar nu aveau ce este un televizor.

Filmele sunt atât de realiste încât majoritatea oamenilor din lumea de astăzi au dificultăți în a distinge realitatea de ficțiune. Această lipsă de discernământ provine din predispoziția naturală a psihicului uman către fantezie. Religia a fost construită pe ignoranța multora și a profitat de această predispoziție mentală, deoarece a favorizat controlul câtorva. Mulți alții au fost incapabili să facă același lucru și, prin urmare, au fost segregați în tărâmurile ocultismului, ca și cum religiile abrahamice ar fi cumva mai adevărate decât celelalte.

Dacă a existat vreodată o religie adevărată în lume, aceasta a fost cu siguranță una care a venit direct de la zei. Mă refer la religia egipteană, din care își trag cunoștințele toate ramurile ocultei, cum ar fi rozicrucienii, francmasonii și Wicca. Toate celelalte au fost create pentru a păcăli masele, care sunt sensibile la basme și povești imaginare. Cu toate acestea, basmele trebuie să evolueze în timp, iar religiile abrahamice sunt o fantezie mai elaborată, mai eficientă și mai complexă.

Nu este posibil ca oamenii să accepte o religie ale cărei semnificații abstracte sunt prea îndepărtate de minţile lor limitate și banale. Religia trebuie să fie la același nivel cu potențialul lor intelectual. Acesta este motivul pentru care atât de multe adevăruri au fost pierdute de-a lungul timpului; ele nu i-au interesat pe mulți sau i-au afectat negativ. Cei care le-au rostit au fost persecutați, ridiculizați și uciși. Și nimic nu s-a schimbat de atunci; rostirea adevărului este încă ținta amenințărilor, insultelor și crimelor.

Dacă folosesc propriile mele cărți ca exemplu pentru a evalua aceste afirmații, vom vedea același lucru. Majoritatea oamenilor se uită la aceste cărți și abia le înțeleg, sau cred că inventez ceea ce știu, că nu pot fi iluminat sau că știu mai mult decât cei pe care îi venerează, ca și cum ego-ul lor ar fi suveranul adevărului. Mulți oameni pe care îi cunosc îmi spun chiar că nu arăt ca un scriitor, ceea ce este foarte interesant, din moment ce am publicat sute de cărți și am peste o sută de bestselleruri pe Amazon, multe dintre ele numărul unu. Cu toate acestea, ei cred că faptele nu înseamnă nimic în comparație cu stereotipurile lor. Dacă realitatea nu este reală, decât prin filtrul maselor, ce putem spune despre religie?

Oamenii vor să pună întregul univers într-o bilă pe care să o poată pune în buzunar și să o numească a lor. Egoul lor este atât de mare încât nu pot înțelege nimic altceva decât pe ei înșiși. Apoi își numesc minciunile adevăr și ignoră adevărul ca și cum ar fi o minciună. Așadar, de ce este atât de dificil să înțelegem că extratereștrii sunt mai interesați să ne studieze ignoranța decât să comunice cu noi? Ei sunt interesați să ne studieze prostia pentru că pe Pământ nu există mulți oameni cu creierul necesar pentru a lua decizii relevante și eficiente pentru societate în ansamblul său. Cu toate acestea, niciun lider nu poate face mai mult decât ceea ce oamenii sunt dispuși să accepte și să înțeleagă. De fapt, societatea nu sprijină niciodată aceste persoane, nici măcar atunci când apar în public. În schimb, oamenii aleg lideri care le îndeplinesc așteptările. Dacă aș putea să-mi aleg profesia, evident că nu aș putea deveni scriitor.

Marea majoritate a oamenilor nu au capacitatea de a vedea realitatea și adevărul în integralitatea lor, iar aceasta este ceea ce caracterizează iluminarea: capacitatea de a vedea lucrurile așa cum sunt. Atunci când oamenii se îndepărtează de realitate pentru a rămâne în propria lor bulă şi nu pot face faţă faptelor putrede şi lucrurilor dezgustătoare care se întâmplă în minţile altor oameni, ei nu pot fi iluminaţi. Mulţi ar spune că le-ar plăcea să citească gândurile altor oameni, dar ar fi deprimaţi să ştie ce se întâmplă în minţile lor. Mulţi ar spune că nu toată lumea este aşa şi că există mulţi oameni buni în lume, dar chiar dacă ar fi adevărat, nu cultivi un câmp întreg de cartofi pentru a obţine unul bun dintre toţi cei putrezi.

Capitolul 3: Ignoranța este străpunsă

În ultimii ani, multe adevăruri au ieșit la iveală. În ultimele decenii, am fost binecuvântați cu o bogăție enormă de informații, multe dintre ele provenind din descoperiri arheologice și din recuperarea unor cărți pierdute. În ciuda acestui fapt, încă avem mulți mincinoși în lume, iar aceștia au multă putere pentru a se asigura că oamenii nu au acces la ceea ce a fost descoperit. Problema cu informațiile contradictorii este că îi lasă și mai confuzi pe cei care au un mod dualist de a analiza realitatea. Deoarece nu înțeleg ce este contradictoriu, ei nu pot gândi singuri, din cauza sărăciei lor intelectuale, construită pe un sistem educațional care îndoctrinează, segregă și discriminează pe cei care gândesc independent.

Majoritatea populației este lipsită de discernământ, de potențial analitic și de curajul de a fi diferit, iar fără acestea nu poate vedea adevărul din fața sa. Când întâlnesc pe cineva ca mine, cred că eu sunt mincinosul și că tot ceea ce au auzit înainte este adevărul. Din cauza mentalității duale a maselor, acestea trebuie să ia în considerare piesele ca un întreg și să aleagă o tabără, deoarece nu pot analiza nimic care le pune într-o stare de disonanță cognitivă. Psihopații de pe această planetă știu acest lucru și astfel distrug credibilitatea oricărei informații noi prin promovarea acestei disonanțe.

De exemplu, atunci când ivermectina a fost propusă ca remediu pentru coronavirus, cei lacomi, temându-se să piardă profiturile obținute din ignoranța maselor, s-au grăbit să afirme că nu există dovezi științifice ale eficacității sale și că este mai potrivită pentru tratarea cailor. Prin creșterea disonanței cognitive a maselor, ei au reușit cu ușurință să distrugă credibilitatea acestui remediu ieftin, eficient și premiat.

Problema cu ignoranța este că aceasta se protejează de dispariție prin întărirea ego-ului. Ignoranții își contopesc întotdeauna personalitatea cu propria lor ignoranță. Iar atunci când această ignoranță este amenințată, ei o apără ca și cum ar fi un război pentru supraviețuire. În această stare de spirit, mulți devin violenți, chiar și atunci când violența nu este justificată. În trecut, oamenii luptau pentru a-și proteja viața; acum, ei luptă tot timpul pentru a fi proști și imaturi.

Profeții care au venit pe Pământ au vrut să dizolve această prostie, dar ce au făcut masele? S-au adunat în grupuri mici unde își puteau cultiva și menține fanteziile sub forma unui corp impenetrabil de credințe numit religie. Adevărata problemă a religiei este că, indiferent cât de deschiși pretind membrii ei că sunt, de îndată ce le dovedești că greșesc, ești ridiculizat, insultat și ostracizat. Ei sunt deschiși până în punctul în care ești suficient de prost să nu pui întrebări la care nu pot răspunde. Aceasta este limita empatiei lor.

Ar fi ca şi cum ai întâlni un psihopat şi te-ai aştepta ca el să fie bun. Psihopatul va fi amabil atâta timp cât există consecinţe pentru comportamentul său. De fapt, teama de pedeapsă este singura care menţine societatea sub aparenta iluzie a ordinii. Dacă bancomatele s-ar opri brusc din scuipat bani şi poliţia şi armata ar dispărea în acelaşi timp, aţi asista la cel mai brutal haos din istorie. Oameni ca mine se află pe această planetă pentru a se asigura că conştiinţa se ridică la un nivel la care acest lucru nu se poate întâmpla, dar mai este un drum lung de parcurs până la atingerea acestei stări.

Există un singur adevăr şi există multe modalităţi de a ajunge la el, la fel cum există multe modalităţi de a spune aceleaşi cuvinte în limbi diferite. În fiecare limbă, găsim sensuri şi structuri de propoziţie diferite, dar intenţia poate rămâne aceeaşi, la fel ca în cazul adevărului. Cei care spun adevărul au spus întotdeauna acelaşi lucru, deşi în funcţie de limbile şi de nivelul de înţelegere din vremea lor. Din acest motiv, este firesc să avem dificultăţi în a înţelege sensurile din trecut. Cuvintele erau folosite în funcţie de semnificaţia pe care o aveau pentru oamenii din acea vreme.

Atunci când vorbim despre conştientizare, ne referim şi la concepte precum claritatea înţelegerii, aplicarea şi intenţia. Aceste trei elemente trebuie să fie prezente pentru ca conştientizarea să apară cu adevărat, deoarece ea transcende timpul, limba şi diferenţele culturale. Atunci când aceste elemente nu sunt prezente, rezultatul este starea de dependenţă de hipnoză pe care oamenii o obţin de la religiile pe care le urmează. Motivul pentru care religia este concepută şi prezentată ca un drog pentru cei care caută o dependenţă de demenţa lor este tocmai această lipsă de claritate.

Desigur, nu se poate aştepta ca oamenii cu astfel de atitudini să găsească claritatea, cu atât mai puţin conştientizarea. Şi de aceea religia este construită în jurul dogmei, deşi problema nu este atât dogma, cât atitudinea adepţilor. Nu poţi dezbate discursurile lui Platon cu cineva drogat cu heroină, aşa cum nu poţi discuta cu un adept al religiilor abrahamice.

Capitolul 4: Credința oarbă

Am întâlnit odată un adept devotat al hinduismului pe străzile din Europa. Era dornic să vândă Bhagavad Gita, o carte pe care o citisem de mai bine de cinci ori. Când i-am spus, s-a uitat la mine neîncrezător. Chiar și când i-am spus că am scris despre ea, nu mi-a acordat nicio atenție. Era atât de intoxicat de religia sa încât nu putea asculta pe nimeni care pretindea că i-a explicat cartea sa preferată. Mi-a spus că a căutat răspunsuri toată viața și că a citit multe cărți, dar nu a vrut să asculte comentariile mele pe această temă. Ce este în neregulă cu el? Este orbit de propriile iluzii. Este orbit de propriile convingeri. Răspunsurile pe care le caută nu sunt prea departe.

Oamenii uită adesea că cei pe care vor să îi învețe pot fi cei mai înțelepți profesori ai lor. Dacă răspunsurile au venit la el prin intermediul unei persoane care trece pe aceeași stradă pe care vrea să-și vândă cartea, dar el nu a putut să vadă asta și a insistat să-mi vândă o carte pe care am citit-o deja de multe ori, atunci nu există nicio speranță pentru el. Aș putea spune că acest om este ignorant, dar lipsa de conștiință este ignoranță manifestată de un suflet în întuneric. Mintea este cea care îl orbește pe individ să realizeze ceea ce este evident în faţa ochilor săi. La fel se întâmplă şi cu cei care au cărţi, dar nu le înţeleg semnificaţiile. Trebuie să existe claritate pentru ca mintea să ajungă la conştiinţă, iar această claritate avansează cu timpul şi cu cunoştinţele, pe măsură ce culturile devin mai complexe.

Pentru ca complexitatea înţelesurilor să evolueze odată cu culturile lumii, comunicarea trebuie să evolueze în paralel. Acest lucru nu înseamnă că comunicarea ar trebui să devină mai relativă, aşa cum presupun în mod eronat mulţi cercetători, ci mai degrabă mai precisă şi mai mecanică. Cuvintele sunt ca piesele unei maşini care trebuie să se integreze cu mintea umană, creând un fel de simbioză în care sensul proiectat se reflectă perfect în mintea care îl primeşte. Prin urmare, acest adevăr poate fi oferit doar de cineva care poate primi şi o reflecţie de sus, o fiinţă care a fost iluminată şi trezită de lumina care a pătruns în mintea sa după ce personalitatea sa a fost spulberată.

În mod ironic, cei mai pregătiţi să primească acest adevăr nu sunt cei care nu au fost niciodată confruntaţi cu ei înşişi, ci mai degrabă cei care au fost forţaţi să îşi reconstruiască personalitatea de mai multe ori prin experienţe traumatice. Poate că celor care suferă de depresie nu li se pare, dar trauma este precursoarea iluminării. Trebuie să fii distrus pentru a învăţa cum să reconstruieşti.

Deşi mijloacele de comunicare evoluează odată cu înţelegerea noastră a lumii - şi nu trebuie să confundăm capacitatea de a vorbi şi de a asculta cu capacitatea de a înţelege, care variază foarte mult de la o persoană la alta - adevărul rămâne constant în timp ca o stare superioară de viziune. Această viziune ne arată astăzi ceea ce era văzut cu mii de ani în urmă printre cei mai experimentați preoți. Diferențele aparente se manifestă prin interpretări, agende politice și interferențe din partea unor forme superioare de inteligență sau viață extraterestră care au încercat să manipuleze omenirea prin lacunele care se manifestau în întunericul maselor.

Aceste lacune au fost găsite pe mai multe niveluri: slăbiciunea spirituală și tendința de a amorți simțurile prin intermediul drogurilor de diferite tipuri, cum ar fi alcoolul; spectrul luminii invizibile, care este mult mai larg decât poate vedea ochiul; și sistemul de credințe al maselor, care este ușor de modelat și manipulat prin controlul diferitelor segmente ale societății. Cu toate acestea, în acest ultim domeniu găsim cea mai eficientă armă de control al maselor și hipnoza, deoarece este mai ușor să controlezi masele împărțindu-le în diferite religii decât încercând să le faci să urmeze una singură. Acesta este același principiu pe care corporații precum Nestlé, Bayer, Unilever, Johnson & Johnson, Procter & Gamble, Danone și multe altele îl folosesc pentru a controla mărcile farmaceutice și alimentare. Același principiu este folosit de companiile de social media pentru a controla alegerile consumatorilor și pentru a menține acest control în ciuda alegerilor individuale.

Adevărul nu are nimic de-a face cu credința, filozofia, opinia sau religia, dar este adesea confundat cu acestea, deoarece interese lacome se ascund în spatele acestora și a multor alte manifestări egoiste ale lumii moderne. De fapt, nu este surprinzător faptul că mărcile încearcă să atragă consumatorii cu aceleași principii pe care religiile le folosesc de milenii, cum ar fi promisiunea salvării prin consum. Să luăm Coca-Cola, de exemplu: campaniile sale publicitare clasice promovează unitatea și armonia, foarte asemănătoare cu mesajele religioase de pace și unitate. Apple este cunoscută pentru utilizarea imaginilor și limbajului religios în publicitatea sa. Evangheliștii mărcii propovăduiesc evanghelia lui Steve Jobs, iar utilizatorii sunt adesea văzuți ca discipoli. Devotamentul față de marcă seamănă cu o religie.

În ceea ce privește sectorul alimentar și cel al medicamentelor, mulți au fost prinși promovând medicamente pentru aceleași boli cauzate de propriile produse. Nestlé, de exemplu, a fost criticată pentru comercializarea formulelor de lapte praf pentru sugari într-un mod care descurajează alăptarea, cauzând probleme de sănătate bebelușilor, în timp ce oferă „soluții" prin intermediul celorlalte produse ale sale. În mod similar, PepsiCo, care deține Pepsi și Frito-Lay, a fost acuzată că promovează stiluri de viață nesănătoase prin băuturile și gustările sale zaharoase, contribuind la obezitate și la problemele de sănătate aferente, în timp ce oferă produse precum Quaker Oats, care sunt comercializate ca alternative mai sănătoase. În sectorul farmaceutic, Johnson & Johnson s-a confruntat cu procese care susțineau că produsele sale din pudră de talc conțin azbest, care poate provoca cancer, în timp ce producea medicamente pentru tratarea acestei boli.

Companiile de social media precum Facebook utilizează algoritmi pentru a controla informațiile pe care le văd utilizatorii, creând camere de ecou care consolidează convingerile existente și manipulează opiniile. Acest lucru este similar cu modul în care instituțiile religioase controlează narațiunile pentru a-și menține influența. Facebook, de exemplu, a fost criticat pentru că permite răspândirea dezinformării și a conținutului care divizează, care poate polariza utilizatorii şi îi poate face mai susceptibili la manipulare. Cu toate acestea, cea mai gravă greşeală pe care o poate face o persoană este să renunţe şi să accepte că adevărul este relativ. Oamenii obişnuiesc să facă acest lucru tocmai pentru că este mai uşor să te predai şi să renunţi decât să lupţi împotriva atâtor interese puternice şi a maselor fără creier.

Cu toate acestea, nu puteţi înceta să vedeţi ceea ce aţi văzut deja, mai ales dacă nu aţi fost făcut să fiţi un sclav fără minte. Pe măsură ce vă treziţi şi deveniţi mai conştienţi, deveniţi capabili să vedeţi lucruri pe care nu puteţi înceta să le vedeţi, cu excepţia cazului în care sunteţi dispuşi să vă întoarceţi la un stadiu anterior de dezvoltare. De aceea cred că, deşi nicio religie nu poate fi acceptată, toate ar trebui studiate, pentru că poţi intra într-o stare de confuzie absolută atunci când treci prin stările mentale induse rezultate din mecanismele fiecărei religii, dar descoperi şi adevăruri mai transversale atunci când compari diferite moduri de prezentare a aceleiaşi informaţii.

Cred că tehnologia ne ajută să ajungem mai repede la acest stadiu, deoarece numeroasele minciuni ale religiilor abrahamice devin mai evidente şi mai uşor de depistat. Cu toate acestea, această tehnologie nu ar fi posibilă fără minţile care au creat-o, ceea ce înseamnă că oamenii au devenit mai eficienţi în a se pune la îndoială pe ei înşişi şi credinţele lor, dar şi mai manipulaţi ca niciodată. Acest lucru creează iluzia de a şti multe, dar de fapt de a nu şti nimic. Acesta este motivul pentru care mulţi oameni din ziua de azi sunt plini de certitudini absolute cu privire la lucruri care nu sunt altceva decât minciuni. Abundenţa de informaţii repetate şi manipulate creează această iluzie pe scară largă.

Între timp, niciunul dintre modelele majore de inteligenţă artificială disponibile în prezent nu mi-a permis să editez acest manuscris, tocmai pentru că este atât de controversat şi se opune naraţiunii dominante pe care oamenilor li se spune să o creadă. Aceasta înseamnă că, deşi tehnologia poate ajuta civilizaţia, ea va manipula, de asemenea, direcţia pe care o va lua, în funcţie de deciziile celor aflaţi la putere.

Capitolul 5: Trezirea conștiinței

Vedem doar ceea ce suntem dispuşi să vedem, ceea ce înseamnă că masele nu sunt încă pregătite să absoarbă răspunsurile la numeroasele întrebări pe care şi le pun. Ne creştem capacitatea de a ne confrunta şi de a observa realitatea pe măsură ce dobândim mai multe cunoştinţe şi experienţă. Pentru a ne creşte capacitatea de a experimenta, trebuie să trăim mai intens, să dormim mai puţin şi să interacţionăm mai mult cu ignoranţii lumii, fără a le permite să ne afecteze şi să ne răpească simţul interior al scopului, deoarece masele sunt controlate de forţe care le depăşesc conştiinţa.

Cu cât avansaţi mai mult în conştiinţă, cu atât mai mult va încerca societatea să vă oprească şi să vă tragă în jos la nivelul de conştiinţă al maselor, deoarece aceasta este natura vibraţională a realităţii de pe planetă. Această conştiinţă superioară despre care vorbesc poate fi atinsă în mod natural doar dacă trăim suficient de mult şi dobândim o determinare naturală, construită în urma anilor de rezistenţă şi de experienţă directă cu lumea. Acesta este unul dintre motivele pentru care atât de mulţi oameni doresc să trăiască mai mult. Dacă am putea trăi până la 500 de ani, multe dintre lucrurile pe care le-am spus ar fi uşor de văzut. Istoria ar fi înţeleasă aşa cum este, nu aşa cum este povestită, iar majoritatea cărţilor nu ar mai fi necesare pentru a înţelege lumea, deoarece majoritatea lucrurilor scrise ar fi considerate de bun simţ.

Scopul cunoaşterii duce la o gândire mai bună, iar gândirea bine pregătită duce la o conştiinţă mai înaltă, care ne ajută să obţinem înţelegeri. Cu toate acestea, acest lucru se întâmplă doar cu adevărata cunoaştere, care poate fi dobândită doar printr-un proces analitic şi metacognitiv adecvat al realităţii percepute. Şi cum cu cât vedem mai mult, cu atât mai puţin avem nevoie să ştim, există o corelaţie directă între a fi luminat, educat, conştient de natura lumii şi capabil să facă faţă realităţilor dure ale vieţii. Secretul unei înţelegeri superioare rămâne ascuns populaţiei, deoarece nu constă în ceea ce primim, ci în capacitatea noastră de a-l procesa prin mecanismele sufletului nostru: capacitatea noastră de a ne pune la îndoială propriile rezultate, convingeri şi abilităţi analitice.

Aceste abilităţi, dacă sunt dezvoltate, apar târziu în viaţă şi în contexte specifice, cum ar fi scrierea unei disertaţii. Dar, până atunci, mintea subiectului a fost atât de afectată de modelele doctrinare încât disertaţia ajunge să reflecte aceleaşi aşteptări de care sistemul are nevoie pentru a se menţine. Multe lucruri luate drept adevărate sunt minciuni bine formulate. De aceea, oricine poate ajunge la un nivel de înţelegere mai ridicat decât cei mai buni academicieni. De fapt, unele dintre cele mai mari genii ale istoriei nu au fost academicieni.

Prin discernământ adecvat se distinge, se izolează şi se găseşte adevărul, astfel încât oricine practică zilnic aceste abilităţi poate ajunge cu adevărat la el. Scopul multor lucruri spuse de Buddha și de alți oameni iluminați ca el a fost să ne învețe să ne controlăm mintea pentru a ajunge la aceste înțelegeri, și nu să o folosim pentru a evada din realitate. Astfel, prin acțiune și interacțiune, cei care s-au pregătit să recunoască și să asimileze stările mentale scăzute ale altora pot trăi în societate fără a fi afectați de acestea. Cu toate acestea, spunând că nu vor fi afectați, nu mă refer la ignorarea sau izolarea gândurilor noastre sau suprimarea conștiinței noastre, ci mai degrabă la trecerea mai rapidă decât oamenii obișnuiți prin amintirile și emoțiile noastre de durere, pentru a reveni mai repede la starea noastră inițială.

Nu ar trebui să suferim sau să negăm suferința, ci ar trebui să trecem prin ea în mod eficient și curajos, reconstruindu-ne cu fiecare pauză în încrederea în sine. Avem tendința de a admira această capacitate de recuperare și reconstrucție a mașinilor și sistemelor informatice, fără să ne dăm seama că admirăm ceea ce încercăm să dezvoltăm în noi înșine: capacitatea de a ne reconstrui după o cădere. Dar acum că ați înțeles acest lucru, devine evident că cei care spun că mai multe cunoștințe vă vor lăsa pierduți sunt idioți și nu ar trebui ascultați sau luați în considerare în niciun scop. Mulți dintre acești oameni sunt profesori universitari, ceea ce spune multe despre scopul real al muncii lor.

Atunci când cineva care ar trebui să vă învețe spune că a ști prea multe este rău, încearcă să vă manipuleze sau să vă păcălească cu ignoranța propriei voastre ignoranțe. Mulți dintre acești oameni sunt foarte pricepuți în a-și explica propria prostie, dar această învățătură nu are nimic de-a face cu iubirea, respectul și libertatea, ci cu sclavia. Deși lumea are nevoie de mai multă educație, ceea ce se produce în sistemul educaţional modern nu are nimic de-a face cu aceasta. Tipul de educaţie de care oamenii au nevoie este rareori produs de colegii lor. Este greu să găseşti răspunsurile de care ai nevoie în cei care pretind că le au. Acesta este motivul pentru care progresul spiritual, cu toate cunoştinţele necesare pentru conştientizarea de sine, ne conduce pe o cale singuratică.

Capitolul 6: Sabotorii demascați

Ori de câte ori dai peste o religie care pretinde că vrea să te educe, ferește-te, pentru că ți-ai găsit dușmanul într-un grup de oameni. Cei mai răi dușmani de care trebuie să te temi nu sunt cei care îți amenință viața, deoarece sunt ușor de depistat, ci cei care încearcă să aibă acces la inima și sufletul tău și apoi să te otrăvească din interior. Aceștia sunt prezenți în majoritatea religiilor lumii, dar cu atât mai mult în cele care fac apel la mase.

Masele nu sunt niciodată interesate de organizațiile religioase care le expun pentru ceea ce sunt și le învață responsabilitatea și autocritica. De fapt, mă îndoiesc că veți găsi una cu aceste calități, pentru că pur și simplu nu atrag aproape pe nimeni. O religie care descurajează măștile - reale sau imaginare - printre adepții săi va fi întotdeauna una dintre cele mai puțin populare. Ceea ce oamenii caută cu adevărat în religie este o ușurare a condiției lor spirituale, o evadare din iad, nu o schimbare reală. Așa că nu se schimbă, denaturează adevărurile pe care le întâlnesc și sfârșesc prin a se reîncarna pentru a face aceleași lucruri pe care le-au făcut înainte, cu toate consecințele.

O mare problemă cu indivizii răi, după cum am observat, este că devin mai inteligenți. Pe măsură ce lumea evoluează în ceea ce privește complexitatea și metodele sale de comunicare, răul poate găsi mai multe alternative pentru mijloacele sale de control și distrugere. Confruntați cu atât de multă diversitate, majoritatea dintre noi nu suntem pregătiți să facem față atacurilor din lumea invizibilă. Abia în ultimele decenii am început să identificăm și să înțelegem narcisiștii, psihopații și sociopații, deși aceștia au fost întotdeauna printre noi. Practic, întreaga noastră istorie a fost alcătuită din aceste creaturi care complotează în întuneric și promovează cele mai rele atrocități împotriva unei populații creduline.

Adevărații demoni se plimbă printre noi cu zâmbete fericite și chiar vorbesc la televizor, spunându-le tuturor ce să facă, pentru că oamenii sunt încă prea proști pentru a-i vedea așa cum sunt cu adevărat. Așadar, nu este șocant, de exemplu, când Bill Gates spune că soluția la problema suprapopulării este o asistență medicală mai bună și vaccinarea, dar este șocant când mii de oameni aplaudă și au încredere într-o astfel de nebunie. Ar fi ca și cum eu aș spune că soluția pentru durerea ta de cap este ca un camion să-ți strivească craniul și tu ai aplauda ideea. Atât de proaste sunt aceste maimuțe neevoluate, cu aspect uman, care populează Pământul.

Mulți oameni răi pe care i-am întâlnit personal și care sunt posedați de demoni au devenit terapeuți și doctori holistici și pretind că îi ajută pe alții, când de fapt distrug oameni în numele ajutorului, pentru că este ușor să îi păcălești. Oamenii sunt prea proști să facă diferența, mai ales când sunt disperați. Mulți oameni sunt atât de ignoranți încât își bazează judecățile pe emoții și stereotipuri, iar apoi raționalizează ceea ce primesc pe baza a ceea ce au în creierul lor. Orbiți de ego, ei nu își pot explica ignoranța; în schimb, o protejează. Ei explică atrocitățile și abuzurile din lume bazându-se pe nevoia lor de a fi acceptați ca oameni buni.

Masele sunt disperate, au nevoie de ajutor, de un sentiment de apartenență și de confort. Ca urmare, în cazuri extreme, ele merg la un terapeut care le spune cuvinte frumoase, dar le dăunează și mai mult. Mulți sunt iremediabil afectați fizic, mental și emoțional. Sunt prea distruși pentru a fi ajutați și de aici provin statisticile în creștere privind sinuciderile. După părerea mea, acest lucru devine mult prea frecvent, dar puțini par să vadă legăturile. Nu trebuie să vă faceți griji cu privire la magicieni, vrăjitoare sau sataniști. Trebuie însă să vă faceți griji, în mare măsură, în legătură cu terapeuții și medicii care, ascunzându-se în spatele profesiilor ajutătoare, ucid oameni, fie dându-le medicamentele greșite, fie incitându-i să se sinucidă.

Am văzut de multe ori medici dând oamenilor sfaturi care îi fac să moară mai repede. Acest lucru devine din ce în ce mai frecvent în zilele noastre. De fapt, când a fost descoperit coronavirusul, am putut vedea cât de mulți ar putea minți cu ușurință pentru a-și păstra slujbele. Mulți medici, asistente medicale și virusologi au mințit publicul cu privire la acest virus și la leacuri, pentru că nu au vrut să meargă împotriva ordinelor lor. Foarte puțini au îndrăznit să meargă împotriva curentului majoritar și să spună adevărul, iar cei care au făcut-o au fost criticați, discriminați și, în multe cazuri, și-au pierdut licența de muncă și le-au fost șterse conturile de social media. Vorbitul despre unul dintre leacurile reale pentru acest virus, ivermectina, a fost sever cenzurat și pedepsit. Ne-am întors în

Evul Mediu, cu vânătoarea de vrăjitoare şi cenzurarea adevărului. Vedeţi cât de uşor a fost?

Oamenii de astăzi nu sunt cu mult diferiţi de cei din trecut. De fapt, sunt la fel. Ei nu au evoluat suficient. Decesele datorate neglijenţei medicale, ignoranţei sau profitului sunt mult mai frecvente decât ne imaginăm. De asemenea, mulţi oameni nu vor să creadă că spitalele au primit bonusuri pentru diagnosticarea coronavirusului şi prescrierea anumitor tratamente. Totuşi, această situaţie nu este nouă. Mulţi oameni au fost diagnosticaţi greşit cu cancer şi supuşi chimioterapiei pentru profit. Acelaşi lucru este valabil şi pentru multe operaţii inutile şi medicamente care nu ar trebui prescrise, dar care îmbogăţesc companiile farmaceutice şi medicii care le promovează.

Calea către adevărata iluminare şi creştere spirituală este plină de duşmani ascunşi care caută să controleze şi să manipuleze. Este esenţial să rămânem vigilenţi şi cu discernământ, punând la îndoială motivele celor care pretind că oferă ajutor şi îndrumare. Doar printr-o gândire critică şi o înţelegere profundă a lumii putem naviga în peisajul complex al spiritualităţii şi putem evita capcanele puse de cei care profită de vulnerabilităţile noastre.

Capitolul 7:
Înșelăciunea deslușită

Aș vrea să pot spune că totul este relativ, așa cum ar vrea să creadă unii oameni, dar nu este așa. Binele și răul sunt foarte reale. Am observat aceste forțe la lucru în grupuri neașteptate ale societății. Pe lângă faptul că se prefac a fi invizibili, o altă strategie folosită de acești demoni printre noi este de a crea confuzie, și nu există confuzie mai mare decât cea promovată de ideea de superioritate morală prin distorsionarea evenimentelor istorice, sociale și culturale. Adevărul despre istoria noastră rămâne ascuns în aproape toate domeniile, indiferent cât de avansată ar fi știința.

Dacă adevărul ar fi cunoscut, întreaga lume ar trebui să fie remodelată, reorganizată și reajustată, ceea ce ar însemna că mulți oameni și-ar pierde locurile de muncă, multe cărți ar trebui rescrise și multe altele ar fi eliminate ca idei învechite și neadevăruri. Cu toate acestea, atunci când minciunile sunt răspândite, ele sunt mai ușor acceptate și protejate decât dorința de a primi adevărul. Foarte puțini oameni, în orice moment din istorie, au fost dispuși să primească un adevăr mai înalt decât cel promovat de societatea lor.

Mulți oameni, de exemplu, cred că zeii Egiptului și Dumnezeul lui Israel nu sunt aceiași, dar această presupunere provine din interpretări religioase greșite. Multe cărți religioase sunt copii unele ale altora și, în realitate, nu există nicio diferență în afară de opinie. Marea diferență dintre interpretările noastre religioase se bazează de fapt doar pe opiniile celor care sunt acum schelete, cenușă și praf.

Multe dintre diferențele și diviziunile din religiile actuale ar putea fi ușor asimilate dacă am analiza descrierile lor într-un mod mai integrator. Totuși, acest lucru ar însemna și unirea lor, ceea ce ar elimina legitimitatea separării lor și pretențiile de superioritate ale fiecăreia față de celelalte grupuri. Cu alte cuvinte, dacă religiile s-ar uni, ele s-ar distruge reciproc și și-ar pierde adepții fanatici, dar acest lucru nu se întâmplă. Este mai ușor să ucizi acești adepți decât să îi faci să își abandoneze ideologiile și aceasta a fost, de fapt, soarta multor grupuri religioase, inclusiv a celor care se închină aceluiași Dumnezeu.

Este interesant de văzut cum Dumnezeul biblic, de exemplu, a condus grupuri de oameni care se presupune că aveau încredere în el și i se închinau la un abator, exterminând populații întregi, inclusiv femei și copii. Și pentru ce motiv? Dacă evreii erau sclavii egiptenilor, iar Moise, care pretindea că este un lider inspirat de Dumnezeu, a fost crescut de egipteni, atunci el a fost crescut în religia lor. Liderii ambelor grupuri, cunoscuți colectiv sub numele de „Adonai", care înseamnă „stăpânii mei" sau „stăpâni" - interpretat în Biblie și ca Elohim, ca cei care au coborât din cer - nu sunt dumnezei diferiți, ci un colectiv prezentat ca unul singur.

Aşadar, de ce ar promova Moise altceva decât ceea ce studiase el? El nu a promovat aşa ceva! Moise „a învăţat toată înţelepciunea egiptenilor" (Fapte 7:20-22) şi, cu ajutorul fiinţelor reprezentate colectiv ca Iehova, a început să răspândească o nouă ideologie pentru a produce sclavi mai buni. Această idee nu era îndreptată împotriva faraonilor egipteni, ci planificată de egiptenii înşişi. Marele preot egiptean Manetho (c. 300 î.Hr.) susţine că Moise a primit o mare parte din pregătirea sa religioasă sub Akhnaton, faraonul care a pionierat monoteismul.

Moise a fost mare preot sub Amenhotep al IV-lea şi, ulterior, a fost ales de evrei drept conducătorul lor. Ca urmare, el şi-a convins poporul de ştiinţa şi filosofia pe care le primise în cadrul misterelor egiptene şi de modul în care fusese instruit. Cu alte cuvinte, dogma „Dumnezeului unic" pe care el a predat-o a fost interpretarea egipteană a Noii Ere. Egiptenii ştiau şi scriau că „zeii" lor (şi nu un singur Dumnezeu) călătoreau în „bărci zburătoare" spre ceruri. De asemenea, ei îşi descriau zeii la începuturi (şi înainte de numeroasele mituri care îi descriau ca fiind jumătate om, jumătate animal) ca fiind în carne şi oase, cu aceleaşi nevoi de hrană şi adăpost ca oamenii. În Egipt au fost construite chiar şi case pentru ei, iar aceste case aveau servitori umani care mai târziu au devenit primii preoţi ai ţării.

Potrivit celebrului istoric James Henry Breasted, primii slujitori ai zeilor egipteni erau oameni laici care îşi îndeplineau îndatoririle fără ceremonii sau ritualuri. Sarcina lor era pur şi simplu să le ofere zeilor cele necesare şi luxoase pentru un egiptean bogat şi de rang înalt la acea vreme: mâncare şi băutură din abundenţă, haine fine, muzică şi dans. Numeroasele schimbări observate în religia egipteană au fost legate de faptul că aceşti conducători nu erau bine văzuţi de popor. Vechiul Regat (c. 2685-2180 î.Hr.) a fost urmat de o perioadă de slăbiciune şi agitaţie. Marea Piramidă a lui Keops a fost invadată de egipteni nemulţumiţi care, potrivit istoricului Ahmed Fakhry, „îi urau atât de mult pe constructorii piramidelor, încât ameninţau să intre în aceste morminte măreţe şi să distrugă mumiile regilor”.

Capitolul 8: Exodul reexaminat

Când luăm în considerare modificările aduse religiei egiptene pentru a crea ideea unui Dumnezeu atotputernic și invizibil, cu scopul de a inspira teamă și supunere, putem pune sub semnul întrebării o mare parte din ceea ce este descris în Biblie și în credința iudaică. Mai ales că, așa cum au descoperit mulți arheologi, multe dintre poveștile spuse de evrei sunt de fapt false. Dr. Zahi Hawass, fost ministru de stat pentru antichități și arheolog egiptean, a declarat că Exodul din Egipt „nu a avut loc niciodată pentru că nu există dovezi istorice", o concluzie la care a ajuns și Dr. Mohamed Abdel-Maqsoud, care a condus o echipă de arheologi în căutarea unor astfel de dovezi.

În plus, potrivit lui Josh Mintz, „documentele egiptene nu menționează migrația bruscă a aproape un sfert din populație și nici nu s-a găsit vreo dovadă a vreunuia dintre efectele așteptate ale unui astfel de exod, cum ar fi crizele economice sau lipsa forței de muncă. În plus, nu există nicio dovadă în Israel a unui aflux brusc de oameni din altă cultură în această perioadă. Nu a existat o îndepărtare rapidă de ceramica tradițională și nici o înregistrare sau istorie a unei creșteri a populației" (pe haaretz.com). Religiile abrahamice se bazează pe o compilație de povești create pentru a îndoctrina un popor care să uite cu ușurință trecutul și să-l țină înrobit în ignoranță. Moise a încercat să reproducă mai eficient învățăturile egiptenilor, mai degrabă decât să meargă împotriva lor.

Poate că astăzi nu uităm trecutul din cauza abundenței descoperirilor arheologice și a documentelor care ne ajută să analizăm adevărul, dar alegem să îl uităm în favoarea fanteziilor noastre religioase. Apoi raționalizăm lucruri care nu s-au întâmplat niciodată pentru a le potrivi cu credințele iluzorii. Acesta este motivul pentru care atât de mult din ceea ce omenirea ar putea ști rămâne ascuns. Prea multe interese personale se asigură că oamenii nu primesc informații despre adevăratul lor trecut religios, iar masele nu sunt suficient de treze pentru a pune la îndoială veridicitatea a ceea ce primesc. Dar dacă Moise a fost un mare preot al extratereștrilor și a fost sub comanda lui Akhnaton și nu a condus un exod, așa cum cred istoricii, ce s-a întâmplat cu adevărat?

Egiptenii, conștienți de nivelul scăzut de conștiință al maselor, au dezvoltat arta de a ascunde semnificații în spatele simbolurilor și structurilor. Religiile abrahamice produc multe dintre aceste semnificații ascunse și, prin urmare, nu pot fi considerate fapte. Învățăturile timpurii ale iudaismului erau profund mistice și foloseau multe semnificații ascunse pentru a explica ascensiunea spirituală, inclusiv cele interpretate în Cabala evreiască pentru cei care le puteau înțelege, în timp ce le ascundeau în spatele folclorului pentru cei care nu erau pregătiți să le vadă, producând astfel o metodă educațională bifurcată atât pentru clasele inferioare, cât și pentru cele superioare. Același lucru este valabil și pentru Steaua lui David cu șase vârfuri, deoarece este un simbol cu semnificații secrete care a existat cu mult înainte de iudaism sau de regele David. Așadar, dacă învățăturile sunt aceleași și zeii sunt aceiași, atunci avem de-a face doar cu perspective, semnificații sau coduri secrete și agende religioase.

Dovada acestui lucru poate fi văzută în sfera politică, cum ar fi atunci când Solomon a stabilit legături între evrei și egipteni, devenind consilier al faraonului egiptean Shishak I și căsătorindu-se cu fiica faraonului. În timpul șederii sale în Egipt, Solomon a primit, de asemenea, instruire în misterele egiptene, motiv pentru care a permis venerarea altor zei locali, precum Baal, principalul zeu masculin al canaaniților. Solomon știa că diferitele interpretări ale lui Dumnezeu se refereau la același grup de ființe. Este evident, așadar, că evreii și creștinii urmează aceeași linie de înșelăciune, adică urmează aceeași diviziune a interpretărilor între fanteziile pentru mase și adevărurile egiptene pentru cei care le pot interpreta. Aceste adevăruri sunt explicate de misterele secrete ale rosicrucienilor, francmasonilor și multor alte organizații care lucrează în umbră, în spatele puterii politice, monarhiilor, revoluțiilor și războaielor dintre națiuni.

Deoarece un grup are nevoie de un inamic comun pentru a-și justifica existența, creștinii, evreii și musulmanii continuă să considere că Dumnezeul păgânilor și al egiptenilor este Satana, fără să știe că, la fel ca în „inamic", Satana este propriul lor Dumnezeu și că nu există nicio diferență între religia lor și cele cărora li se opun. Cu cât credem mai mult că există un inamic extern, cu atât ignorăm mai mult inamicul intern, care se manifestă sub forma ignoranței. Frica permite ca acest adevăr să fie ascuns de mințile dogmatice.

O astfel de îndoială nu există pentru francmasoni, care afirmă în mod clar că Dumnezeul lor este o combinație între Adonay (cei care au venit din Cer) și Satan („Inamicul"). Francmasonii au depășit neînțelegerile dintre mitologia egipteană și basmele biblice prin faptul că nu s-au temut să accepte forțele duale pe care le reprezintă pe podeaua de șah a templelor lor. Albert Pike, francmason de rit scoțian de gradul 33 și autor a numeroase cărți despre francmasonerie, a explicat această dualitate spunând: „Ceea ce trebuie să spunem maselor este că ne închinăm unui Dumnezeu, dar unui Dumnezeu închinat fără superstiții".

Acest Dumnezeu la care se referă el este Dumnezeul rebel care a eliberat omenirea. El explică: „Religia masonică trebuie menținută în puritatea doctrinei luciferiene de către noi toți, inițiați de grade înalte". De ce luciferiană? Pentru că Lucifer este singurul zeu dintre mulți care a eliberat omenirea de ignoranță. După cum explică Pike, „dacă Lucifer nu ar fi Dumnezeu, ar fi Adonay (Dumnezeul creștinilor), ale cărui fapte dovedesc cruzime, perfidie, ură față de om, barbarie și aversiune față de știință, ținta defăimării de către Adonay și preoții săi?"

Din moment ce Adonay este un colectiv de ființe care au încercat să mențină omenirea ignorantă, iar Lucifer este cel care a eliberat omenirea de ignoranța sa, Dumnezeul pe care creștinii insistă să îl adore este, de fapt, malefic. Acest lucru ne oferă o perspectivă diferită asupra Grădinii Edenului și a multor alte povestiri din Biblie, care nu sunt bine intenționate, ci create pentru a menține omul în întuneric cu privire la natura sa spirituală. Acesta este motivul pentru care Pike spune: „Lucifer este Dumnezeu și, din păcate, la fel este și Adonay, pentru că legea eternă este că nu există lumină fără umbră, nu există frumusețe fără urâțenie, nu există alb fără negru, pentru că absolutul nu poate exista decât ca doi zei. Întunericul este necesar luminii pentru a-i servi drept contrast, la fel cum piedestalul este necesar statuii și frâna locomotivei”.

Prin urmare, Lucifer este, în cuvintele lui Pike, opoziția față de ierarhia care a oprimat omenirea, dar el rămâne un element al realității noastre duale atât timp cât omenirea trăiește în umbrele ignoranței.

Capitolul 9: Lupta umanității

Dumnezeul religiilor abrahamice este un Dumnezeu care caută să mențină umanitatea în sclavie. Este un colectiv care caută să domine minţile oamenilor către un scop comun, dar opresiv. Acest adevăr face ca Moise să fie văzut într-o lumină nouă: nu ca un eliberator, ci ca un promotor al opresiunii, un trădător al umanității. Acesta este într-adevăr cazul, precum şi cel al multor profeți care i-au urmat. După cum explică Albert Pike: „Religia filosofică adevărată şi pură este credinţa în Lucifer, egal cu Adonay, dar Lucifer, Dumnezeul Luminii şi Dumnezeul Binelui, luptă pentru umanitate împotriva lui Adonay, Dumnezeul Întunericului şi al Răului" (A.C. De La Rive, In La Femme et L'enfant Dans La Franc-Maconnerie Universelle, cit., p. 26).

Acum putem înţelege de ce atât de mulţi oameni sunt confuzi de utilizarea acestor nume, deoarece intenţiile personajelor istorice au fost distorsionate, multe evenimente religioase nu au avut loc niciodată, iar adevăratul scop al multor lideri nu a fost altul decât cel acceptat de mase. În plus, atunci când observăm că numele Satana se suprapune cu Lucifer, care este văzut ca acuzator şi spirit înşelător, şi este reprezentat de un şarpe, vedem că există o mare confuzie cu privire la cine este cine în Biblie.

După cum explică Paul Anthony Wallis (fost profesor de teologie şi arhidiacon al Bisericii Anglicane): „În Geneza 3, şarpele este o fiinţă fizică, unul dintre colonizatori, şi se corelează cu personajul sumerian Enki, care nu este un tip rău, ci doar cineva care era în conflict cu şeful, Enlil. Modul în care sunt folosite numele este puţin confuz, la fel ca şi modul în care este folosit cuvântul „Dumnezeu” în Biblie. Oricum, imaginea de ansamblu este că suntem înconjuraţi de un spectru de fiinţe - unele fizice, ca noi, unele interdimensionale, unele bazate pe energie - iar unele sunt bune şi altele sunt rele, la fel cum avem un spectru de oameni pe planeta Pământ. Denumirile pe care le folosim pot varia de la o cultură la alta, dar în principiu aceasta este imaginea de ansamblu.”

Conflictul dintre întuneric şi lumină a existat întotdeauna, nu doar pe Pământ, ci şi în spaţiu. Acesta nu se schimbă odată cu nivelurile superioare de conştiinţă şi a fost prezent în multe alte civilizaţii avansate. Lupta pentru controlul umanităţii este menţionată şi în textele hinduse, iar unele descoperiri arheologice sugerează utilizarea bombelor atomice în această perioadă, respectiv construirea multor structuri subterane, precum peşteri artificiale, oraşe subterane şi alte adăposturi pentru a proteja grupurile de oameni de războaiele cu arme radioactive.

Tabletele sumeriene descriu conflictul dintre zei în termeni de rebeliune în ierarhia lor, un act de nesupunere, foarte asemănător cu ceea ce găsim în Biblie în legătură cu războiul dintre îngeri. Cu toate acestea, chiar dacă interpretările biblice şi islamice explică această rebeliune prin refuzul lui Lucifer şi al legiunii sale de îngeri de a se pleca în faţa umanităţii, textele sumeriene prezintă acelaşi eveniment dintr-un punct de vedere foarte diferit. Conform acestor texte, primii oameni au fost incapabili să se reproducă, dar au fost modificaţi ulterior cu ajutorul lui Enki, maestrul genetician al zeilor. Vechile tăbliţe mesopotamiene îl creditează pe Enki cu supervizarea creării genetice a lui Homo sapiens. Astfel, Adapa sau Adam - numele de cod dat primilor oameni modificaţi genetic, care înseamnă „fiii înţelepţi ai planetei roşii" (adică Marte, locul de origine al oamenilor tereştri) - au fost transformaţi în fiinţe umane complet funcţionale şi independente de către zeul Ea sau Enki, care a fost ulterior prezentat în mod eronat drept Lucifer cel biblic. Această modificare genetică a fost făcută fără consimţământul fratelui lui Enki, Enlil, şi a dus la un conflict între zei, cunoscut sub numele de Războiul Îngerilor din Rai.

Enki, apoi Lucifer cel biblic, făcându-i pe oameni mai inteligenţi şi capabili să se reproducă, i-a făcut, de asemenea, independenţi şi puţin dispuşi să urmeze ordinele lui Enlil şi ale legiunii sale. În acest proces, conştiinţa acestor fiinţe a devenit superioară, ceea ce a dus la expulzarea generaţiei adamice din paradis, biblica Grădină a Edenului. Cel puţin aşa ni se spune, dar ceea ce este mai probabil este că fiinţele trezite la starea lor de prizonierat şi ignoranţă ar fi încercat să scape dintr-o astfel de situaţie. Aceşti oameni, care nu erau doi, ci mulţi, au fugit din paradis pentru că, pentru zei, era paradis, dar o închisoare pentru ei. Această poveste este similară cu legenda mayaşă a creaţiei descrisă în Popol Vuh, în care zeii spun: „Să încercăm să creăm fiinţe ascultătoare şi respectuoase care să ne hrănească şi să ne susţină".

În ambele cazuri, zeii sunt descriși ca ființe asemănătoare oamenilor care au coborât din ceruri și găsim similitudini în descrierile date de diferitele populații, precum și în piramide. De aceea, atunci când conchistadorii spanioli au fost întâmpinați de mayași, au fost primiți ca niște zei, pentru că semănau într-adevăr cu zeii lor antici. Navele lor enorme, nemaivăzute de aceste culturi, au fost considerate comparabile cu navele spațiale folosite de zeii lor pentru a călători prin lume.

Dacă poveștile acestor culturi sunt bazate pe evenimente reale, ar trebui să existe dovezi arheologice care să le susțină, și există. Acum știm că Homo sapiens sapiens a apărut pe Pământ brusc, nu treptat, așa cum insistă încă darwinistii. F. Clark Howell și T. D. White, de la Universitatea California din Berkeley, au declarat: „Acești oameni [Homo sapiens sapiens] și cultura lor materială inițială au apărut cu o rapiditate aparentă în urmă cu puțin peste 30.000 de ani.”

Capitolul 10:
Păcatul și mântuirea redefinite

Prin modificarea genetică, ființele umane au fost ridicate la un statut asemănător cu cel al zeilor, cunoscut în mod colectiv ca Dumnezeul Unic al religiilor monoteiste. Acest lucru le-a permis să înțeleagă starea lor mentală anterioară și să realizeze că erau goi și ignoranți. Documentele din Mesopotamia antică arată oameni muncind goi pentru stăpânii lor, în timp ce zeii sunt complet îmbrăcați. Acești zei nu numai că i-au înrobit pe oameni, dar au și păstrat haremuri de prostituate umane, ceea ce Biblia traduce prin „luându-le de soții" (Geneza 6:2). Adams și Eves se simțeau umiliți, abuzați și violați de goliciunea lor, o situație care amintea de Eden.

Lucifer cel biblic, Enki cel sumerian care a eliberat omenirea de ignoranță, a devenit Dumnezeul și salvatorul omenirii. Între timp, adversarul umanității, care a încercat să readucă umanitatea în sclavie, a devenit dușmanul. Prin urmare, Satana, dușmanul umanității, este Dumnezeul religiilor abrahamice - Dumnezeul creștinilor, al musulmanilor și al evreilor. Moise și alții au păcălit omenirea să se închine conducătorilor lor, schimbând istoria.

Fiinţele umane au fost numite păcătoşi sau descendenţi ai lui Sin, un nume derivat din mitologia sumeriană în care Sin este fiul lui Enlil şi Ninlil. Enlil, cunoscut drept tatăl zeilor şi conducătorul suprem, este zeul biblic care se opune lui Lucifer. El este atât zeul biblic, cât şi Satana, duşmanul omenirii.

Cuvântul „păcat" a fost interpretat greşit ca „sin" din engleza veche, care înseamnă a rata ţinta sau a fi imperfect. Prin urmare, păcatul a fost tradus ca o alterare a codului genetic, o imperfecţiune impusă umanităţii. Păcatul originar, atribuit neascultării şi cunoaşterii binelui şi răului, este portretizat într-o lumină negativă, în timp ce întoarcerea la ignoranţă este prezentată ca ceva pozitiv. Acest lucru face ca umanitatea să nu se mai străduiască să fie ca zeii şi îi reduce la sclavi. Acest semn al zeilor, sau semnul fiarei, poate fi impus prin vaccinuri care modifică ADN-ul, precum cele impuse oamenilor în ultimii ani sub pretextul unui virus produs „accidental" într-un laborator din Wuhan cu ajutorul anumitor organizaţii americane, precum Institutul Rockefeller şi Fundaţia Gates.

Sensul ebraic al cuvântului „păcat" include chata'ah (eroare), avon (denaturarea voinţei lui Dumnezeu în scopuri personale) şi pesha (transgresiune sau rebeliune). Aceşti termeni echivalează păcatul cu gândirea independentă şi refuzul de a se supune voinţei lui Dumnezeu, ceea ce, conform textelor sumeriene şi sensurilor ebraice, implică refuzul de a acţiona ca un sclav. Astfel, conform textelor ebraice, păcătoşii sunt cei care refuză să fie înjosiţi sau să li se injecteze vaccinuri care le modifică ADN-ul şi le distrug capacităţile cognitive.

O dovadă suplimentară a aplicării acestor semnificații constă în impactul diferențiat din punct de vedere rasial și etnic al vaccinurilor împotriva bolii, care erau menite să îi cruțe pe „evreii ashkenazi și pe chinezi", potrivit lui Robert F. Kennedy Jr. Între timp, virusul a afectat în mod disproporționat grupurile marginalizate din punct de vedere istoric, cu rate mai mari de infectare, spitalizare și deces în rândul negrilor, hispanicilor și asiaticilor în comparație cu albii (Leo Lopez, MD). Mai multe studii au confirmat că latino-americanii, negrii, nativii americani și cei din Alaska, Hawaii și alte insule din Pacific au avut cele mai mari rate de spitalizare și de deces din cauza coronavirusului. În esență, avem un virus creat în laborator cu intenția rasistă de a ucide anumite populații, și anume latinii, negrii și nativii americani. Și, deși vaccinul promovează o vindecare, el accelerează acest proces.

Siguranța evreilor ashkenazi poate fi legată de alinierea religiei lor cu acest plan. Mai mulți rabini evrei au făcut declarații care justifică uciderea neevreilor și promovează ideea că neevreii există doar pentru a servi evreii. Aceste idei, promovate în continuare de liderii evrei ortodocși, subliniază faptul că scopul non-evreilor este de a servi evreii. De exemplu, rabinul Ovadia Yosef (fostul mare rabin sefard al Israelului) a declarat: „Goyim (toți non-evreii) s-au născut doar pentru a ne servi. Fără asta, ei nu au niciun loc în lume, doar pentru a servi poporul Israel". (Citat în ziarul israelian Maariv, 18 octombrie 2010). Rabinul Dov Lior (Rabinul șef din Hebron și Kiryat Arba) a declarat: „O mie de vieți de neamuri nu valorează cât o unghie de evreu". (Citat în ziarul israelian Haaretz, 2008).

Aceste exemple, printre multe altele, ne conduc, de asemenea, să înțelegem de ce anumite rase au fost vizate pentru exterminare.

Un studiu realizat de Bond şi Smith (1996) a constatat că indivizii din culturile colectiviste, inclusiv unii asiatici, tind să se conformeze normelor grupului. Într-o lume controlată de sionism, asiaticii din naţiunile comuniste ar fi sclavii ideali, în timp ce restul, predispuşi la nesupunere, ar trebui eliminaţi pentru a împiedica această populaţie ipotetică de sclavi să devină nesupusă. Astfel, descendenţii adevăratului păcat al religiilor abrahamice, toţi conformi idealurilor evreieşti, sunt cei care acceptă să fie marcaţi, se supun unei ierarhii şi urmează ordine - cei care se oferă voluntari pentru a fi retrogradaţi, precum cei care au stat la coadă pentru a primi vaccinurile COIVD-19. Ei nu manifestă un defect genetic din trecut, care de fapt a reprezentat o schimbare în bine, permiţându-le să gândească independent.

Păcătoşii de astăzi, dintr-o perspectivă mai degrabă spirituală decât religioasă, sunt cei care doresc să fie marcaţi de acelaşi Dumnezeu care i-a înrobit pe primii oameni, Enlil, şi care se aşteaptă să fie ţinuţi în ignoranţă şi supunere absolută, aşa cum se întâmplă în cele mai tiranice naţiuni sub guverne comuniste, precum Coreea de Nord, China şi Cuba.

O altă interpretare greşită frecventă provine din cuvântul Nephilim, atribuit fiilor şi fiicelor zeilor menţionaţi în Biblie ca îngeri căzuţi. Cuvântul a fost tradus greşit ca „giganţi", dar sensul său corect este „cei puternici". Se referă la regii şi reginele aleşi de aceste fiinţe pentru a controla oamenii de pe Pământ prin sclavie şi război. Aceşti Nephilim nu au încetat niciodată să existe; istoria lor genetică a dispărut pur şi simplu în fondul genetic al maselor şi în liniile de sânge ale familiilor regale care şi-au trasat descendenţa până în Egiptul antic. Astfel, întreaga umanitate are caracteristici ale acestor ființe, deși Nefilimii pot fi comparați astăzi cu cei care aspiră să le ia locul, adică sioniștii și monarhii lumii.

Biserica Ortodoxă Răsăriteană afirmă că păcatul originar provine de la diavol, care „a păcătuit de la început" (1 Ioan 3:8). Martorii lui Iehova învață că fiecare bărbat și femeie se naște păcătos din cauza a ceea ce s-a întâmplat în Eden. Biserica lui Isus Hristos a Sfinților din Zilele din Urmă dă vina pe Adam pentru starea spirituală decăzută a omenirii, susținând că fărădelegea lui Adam a fost necesară pentru ca omenirea să realizeze valoarea a ceea ce avea înainte. Martin Luther, John Calvin și alți reformatori protestanți credeau că păcatul originar persistă chiar și după botez. Cu alte cuvinte, toate acestea și multe alte religii creștine care pretindeau că se opun interpretărilor greșite ale dogmelor originale ale Bisericii au sfârșit prin a repeta exact aceleași învățături.

Este interesant de observat că Coranul afirmă că, deși a existat o transgresiune, aceasta a fost iertată de Dumnezeu, ceea ce sugerează că oamenii pot fi iertați dacă doresc să revină voluntar la starea lor anterioară, cu condiția să se fi eliberat de ignoranță. Acesta este un pas înainte în cererile de supunere la starea de servitute, similar cu ceea ce s-a făcut în Evul Mediu, când oamenii și-au primit viața în schimbul supunerii față de conducătorii islamici.

Timp de secole, manipulările și interpretările greșite au întunecat adevărata natură a păcatului și a mântuirii. Totuși, prin înțelegerea sensurilor și contextelor originale ale acestor concepte, putem începe să deslușim înșelăciunile care au menținut omenirea într-o stare de ignoranță și sclavie. Calea către adevărata iluminare și eliberare constă în punerea la îndoială a narațiunilor care ne-au fost oferite şi în căutarea adevărului ascuns. Recunoscând păcatul ca o cale către cunoaştere şi independenţă, iar mântuirea ca eliberare din ignoranţă şi sclavie, putem începe să ne recuperăm adevăratul potenţial ca fiinţe spirituale şi co-creatori ai realităţii noastre. Călătoria către trezirea spirituală implică provocarea credinţelor care ne leagă şi menţin miliardele în întunericul absolut, împiedicând evoluţia noastră spirituală şi eliberarea noastră din acest tărâm al sclaviei.

Capitolul 11: Transcenderea vinovăției

Prin multe interpretări diferite, dar false, a ceea ce s-a întâmplat cu adevărat în Eden, ideea că omul a făcut ceva greșit și că acest lucru nu ar trebui să se repete în viitor a fost încorporată în psihicul colectiv. Mai mult decât frica, vinovăția a fost folosită pentru a ține omenirea legată de minciunile zeilor lor stăpâni și este folosită și astăzi de multe religii ca mijloc de a menține masele în supunere oarbă. Nu este o coincidență faptul că rugăciunea originală a lui Iisus în aramaică a fost „izbăvește-ne de vină", și nu „izbăvește-ne de rău", așa cum repetă creștinii astăzi. Acest lucru se datorează faptului că răul este asociat cu interpretările, dar vinovăția este foarte precisă și ușor de interpretat: este asociată cu greșeala de a gândi independent, o caracteristică indispensabilă pentru dezvoltarea responsabilității.

O persoană este incapabilă să devină responsabilă, o calitate care ne permite să dezvoltăm toate celelalte caracteristici legate de aceasta, cum ar fi etica, discernământul și autoanaliza, atunci când responsabilitatea este înlocuită de vină, adică ideea că cineva greşeşte pentru că nu respectă anumite porunci şi legi. Ori de câte ori o persoană este întemniţată de vinovăţie, ea este incapabilă să se separe de acţiunile sale şi să le analizeze. În schimb, ea devine dependentă de validarea externă, care este exact ceea ce religiile folosesc pentru a-şi ţine adepţii sub control.

Vina este o emoţie puternică pentru a-i controla pe alţii, motiv pentru care narcisiştii, psihopaţii şi sociopaţii o folosesc adesea împotriva victimelor lor. Am văzut vinovăţia folosită împotriva oamenilor atunci când politicienii au avut nevoie să găsească justificări pentru abuzurile pe care le-au impus, cum ar fi atunci când au spus că cei nevaccinaţi împotriva coronavirusului au fost responsabili pentru moartea celor vaccinaţi. Ei au întărit ideea că copiii păcatului sunt oamenii care simt vinovăţie şi ruşine. Cu toate acestea, aceştia sunt cei care trăiesc în întuneric şi doresc să se întoarcă la o stare de sclavie şi ignoranţă.

În contrast, avem copiii lui Lucifer, cei treziţi, cei care caută cunoaşterea, independenţa şi libertatea. Ei se prezentau de obicei ca adepţi ai şarpelui, nu pentru că Ea era şarpe, ci pentru că şarpele era simbolul lui Ea. Egiptenii îşi reprezentau „zeii" cu capete sau trăsături de animale pentru a simboliza trăsături şi personalităţi. Astfel, şarpele a ajuns să simbolizeze întunericul - ceea ce este ascuns de cei care nu pot vedea, cum ar fi cunoştinţele ascunse revelate oamenilor din Eden.

Tabletele sumeriene descriu diferitele încercări de exterminare a celor care urmau aceste valori prin diferite boli, sugerând că aceşti zei erau angajaţi în mod constant în războaie biologice. Când acest lucru nu a fost suficient pentru a extermina întreaga populaţie, aceşti zei au decis să distrugă rasa umană cu un mare potop. Acest potop a fost cauzat de o furtună lungă şi de ruperea sistemului complex de baraje şi diguri construite în Mesopotamia pentru a controla inundaţiile neregulate ale râurilor Tigru şi Eufrat. Mulţi arheologi sunt de acord că în Orientul Mijlociu a avut loc o inundaţie catastrofală în urmă cu mii de ani.

Cu referire la acest eveniment, epopeea mesopotamiană Gilgamesh menţionează un bărbat pe nume Utnapishtim (Noe biblic), care a fost abordat de prinţul Ea, care i-a spus că zeii plănuiau un potop pentru a extermina rasa umană. Ea i-a dat lui Utnapishtim instrucţiuni despre cum să construiască o barcă capabilă să supravieţuiască potopului. Utnapishtim a urmat instrucţiunile şi a încărcat barca cu aurul său, cu familia sa, cu vitele sale, precum şi cu meşteşugari şi animale sălbatice, şi a plecat pe mare.

Religiile se contrazic reciproc în practica lor, deoarece atunci când cineva este botezat, el neagă servitutea faţă de Enlil - acceptând păcatul - şi pretinde supunere faţă de Enki, zeul libertăţii şi al relaţiilor sexuale. Acesta este motivul pentru care Iisus a cerut să fie botezat de Ioan, deoarece nu putea fi botezat în propriul său nume dacă susţinea supunerea faţă de filozofia lui Enki.

Religiile abrahamice se bazează pe o confuzie a evenimentelor istorice, pe semnificaţii neînţelese în spatele ritualurilor şi pe multe interpretări greşite, ceea ce reprezintă o problemă de dificultăţi de învăţare şi demonstrează ignoranţa la scară globală. Acest lucru ne conduce la un adevăr ascuns, imposibil de recunoscut pentru cei care nu sunt încă suficient de conştienţi pentru a-l descoperi singuri. O ființă iluminată trebuie neapărat să respingă aceste doctrine false, deoarece poate vedea că sunt greșite și de ce. Cei care nu pot face acest lucru trăiesc în continuare sub vraja minciunii, într-o stare de hipnoză, și, prin urmare, au încredere în lumea care le este prezentată pentru a-i înșela. Acesta este motivul pentru care majoritatea, în special cei care urmează orbește doctrinele religioase, sunt convinși că extratereștrii nu există și nu pot crede în astfel de manifestări. Ei nu pot crede, pentru că acest lucru i-ar determina să pună la îndoială toate minciunile pe care le urmează orbește. Doar îmbrățișând gândirea independentă, responsabilitatea și căutarea cunoașterii ne putem elibera de lanțurile vinovăției și ale întunericului și putem intra în lumina adevăratei înțelegeri și a libertății.

Capitolul 12: Simboluri decodate

Adepții religiilor abrahamice ridiculizează și resping ideea de viață extraterestră, dar nu au nicio problemă să creadă în propriile lor superstiții, cum ar fi sfinții și miracolele, oamenii care merg pe apă, Fecioara Maria care coboară din cer înaintea lor, îngerii care apar sau Iisus care le vorbește în cap. Acești oameni sunt victime ale propriilor iluzii și prostii și, prin urmare, sunt ușor de manipulat de tehnologia extraterestră avansată. Profitând de starea schizofrenică a maselor și de nivelul lor de ignoranță, aceste ființe sunt capabile să transmită mesaje și ordine care sunt apoi ascultate și executate fără a se pune întrebări cu privire la intențiile și scopurile lor, la fel cum s-a întâmplat cu așa-numitele cărți sfinte.

O înșelăciune și mai mare va trebui să vină prin împlinirea acestui nonsens, în care ceea ce așteaptă numeroasele religii ale lumii le va fi oferit exact așa cum își doresc ele: un război religios urmat de coborârea îngerilor din cer pentru a-și salva adepții. Între timp, există o astfel de deconectare între prezent și trecut încât puțini oameni își dau seama că ritualurile lor sunt mult mai vechi și au avut semnificații diferite. Botezul, de exemplu, a început mult mai devreme. Vechii sumerieni îl venerau pe zeul Enki (sau Ea) în templul său din oraşul Eridu, cu un ritual de purificare prin spălarea în râu, deoarece Enki era cunoscut şi ca zeul apei, al magiei şi al vrăjilor.

Enki a fost un creator care i-a făcut pe oameni sclavi ai zeilor (pe Marte) şi apoi i-a făcut independenţi de aceiaşi zei (pe Pământ). El a fost, de asemenea, asociat cu sperma şi lichidul amniotic şi, prin urmare, cu fertilitatea. Simbolul crucii sau al ankh-ului, considerat un simbol al fertilităţii şi adoptat ulterior de Egiptul antic, dar şi de păgâni şi creştini, este una dintre reprezentările lui Enki, Lucifer, simbolizând unirea bărbatului şi a femeii în timpul sexului. Enki era, de asemenea, frecvent reprezentat ca o creatură jumătate capră, jumătate peşte, din care derivă figura astrologică modernă a Capricornului. În mitologia babiloniană, el era cunoscut ca tatăl lui Marduk, zeul apei, al vegetaţiei, al judecăţii şi al magiei. Mai târziu, în mitologia greacă, Enlil a devenit omologul sumerian al lui Zeus, în timp ce Enki a devenit omologul lui Poseidon.

Ritualul mondial al scufundării în ape purificatoare, comun în religiile mesopotamiene, egiptene şi orientale timpurii şi încă practicat în hinduism, în diferite religii ale nativilor americani şi în iudaism, este o demonstraţie a devotamentului faţă de Enki. Mitra, pălăria papei catolic, reprezintă, de asemenea, Poseidon, Enki şi Lucifer şi îşi are originea în Sumer. Deoarece Enki era cunoscut şi ca zeul peşte din Sumer, primii săi preoţi, sau reprezentanţi în popor, erau întotdeauna îmbrăcaţi în costume de peşte. Atunci când Iisus a cerut să fie botezat, el îndeplinea acest ritual şi se angaja ca slujitor al lui Lucifer, Lumina Adevărului.

Era Peştilor începe odată cu naşterea lui Iisus, deoarece Peştii îl reprezintă pe Enki. Prin urmare, Iisus este prezentat ca Fiul lui Dumnezeu, adică Fiul Apei şi al lui Lucifer. Afirmând că Iisus este Fiul lui Dumnezeu, creştinii spun literalmente că el este fiul lui Lucifer, ceea ce înseamnă că el este, de asemenea, o reîncarnare a lui Marduk - zeul babilonian al judecăţii şi al magiei, fiul lui Enki. Având în vedere că Lucifer este portretizat ca un cap de capră, sau Baphomet, şi a fost portretizat de preoţii săi cu un cap de peşte, şi este cunoscut ca zeul libertăţii şi al individualismului, nu există într-adevăr nicio diferenţă între catolicism şi alte forme de creştinism, satanism, luciferianism, francmasonerie, hinduism şi multe alte credinţe religioase. Toate sunt aspecte şi interpretări diferite ale aceloraşi concepte.

Întrucât simbolul lui Lucifer, creatorul lui Adam, este fertilitatea, de asemenea, nu există nicio diferenţă între semnificaţia obeliscurilor găsite în Egipt, Washington (SUA) şi multe alte oraşe din lume (inclusiv Odessa, Ucraina) şi crucea creştină, toate fiind simboluri sexuale, la fel ca fântânile din centrul multor oraşe. Obeliscul reprezintă falusul sau penisul lui Lucifer; fântâna este un simbol al spermei lui Lucifer; iar crucea creştină reprezintă procrearea umană, adică sexul în poziţia misionarului, cu bărbatul deasupra femeii, posibil doar datorită lui Lucifer. Cu alte cuvinte, creştinii ar putea umbla cu un alt obiect sexual, cum ar fi un penis, în jurul gâtului, în loc de cruce, iar semnificaţia ar fi aceeaşi. Aceste simboluri ale fertilităţii reprezintă eliberarea de sclavie şi sunt atribuite unui singur Dumnezeu, motiv pentru care Lucifer nu a vrut ca omenirea să fie politeistă.

Scopul „fiului său creştin, Iisus", a fost de a elibera omenirea de sclavia impusă de alte religii. Dar a fost Iisus cu adevărat fiul lui Lucifer sau doar un reprezentant al credinţei sale în umanitate? Răspunsul este evident, dar Isus a spus: „Voi sunteţi dumnezei; voi toţi sunteţi fii ai Celui Preaînalt" (Psalmul 82:6). De asemenea, Isus ne-a avertizat cu privire la marea înşelăciune care se manifestă prin folosirea poveştii Sale pentru a face exact opusul, când a spus: „Mulţi vor veni în numele Meu, spunând că Mă reprezintă şi vor înşela pe mulţi; dar să nu-i urmaţi" (Matei 24:5). Fiecare congregaţie creştină crede că Isus se referea la un alt grup şi că al său este cel special, fără să-şi dea seama că, de fapt, se referea la toţi.

Capitolul 13: Zorii Noii Ere

Era lui Iisus, sau a Peştilor, s-a încheiat în 2020, an în care începe Era Vărsătorului, sau Era Revelaţiei Adevărului. Este interesant de observat că în 2020 omenirea s-a unit la nivel global pentru prima dată, deşi într-un mod negativ, sub aceeaşi ameninţare: teama de moarte prin contaminare. Ronald Reagan, cel de-al 40-lea preşedinte al SUA, a avut dreptate când a declarat în faţa Adunării Generale a ONU în 1987: „Diferenţele noastre globale ar dispărea dacă ne-am confrunta cu o ameninţare extraterestră din afara acestei lumi".

Această ameninţare încearcă să corecteze „eroarea genetică" sumeriană prin modificarea genetică a fiinţelor umane din nou, dar de data aceasta pentru a-i face pe toţi să-şi piardă capacitatea de a se înălţa şi de a dobândi conştiinţa unui tărâm superior, pierzând astfel potenţialul de a se integra în a 4-a densitate, care a fost anticipată odată cu Era Vărsătorului. Marca fiarei, din perspectiva sumeriană, este un semn de loialitate şi devotament, reprezentat în lumea noastră modernă de numeroasele guverne de pe planetă. Deoarece oamenilor le este teamă să nu moară sau să fie discriminaţi de guvernele lor şi să-şi piardă drepturile de bază, ei iau vaccinuri care le modifică ADN-ul, deghizate în leacuri, care, la rândul lor, le blochează potenţialul de ascensiune. Ei cedează apoi tuturor restricţiilor impuse pentru a-i împiedica să se trezească.

Acesta este motivul pentru care Biblia spune: „Vor înşela chiar pe cei aleşi" (Matei 24:24). Este foarte uşor să îi înşeli pe cei aleşi atunci când au fost pierduţi în interpretări greşite timp de mulţi ani. Dar tot ce trebuiau să facă era să profite de ceea ce se întâmplă în mod natural. Era Vărsătorului, un simbol al apei, reprezintă momentul în care ascensiunea promovată de Lucifer va fi în sfârşit asimilată de umanitate. Omenirea se alătură atunci alinierii cosmice din ceruri, devenind parte a numeroaselor familii extraterestre. Acest lucru se întâmplă în mod natural, prin trezirea simţurilor, şi poate fi împiedicat doar prin suprimarea acestei oportunităţi, ceea ce explică obsesia atâtor guverne de a împiedica oamenii să primească lumina soarelui.

Creşterea apariţiei OZN-urilor pe cer în ultimii ani este legată de aceste evenimente. Fiinţele umane au şansa de a se înălţa prin conştiinţă, ceea ce le-ar da posibilitatea de a primi mai multă înţelepciune de la alte fiinţe. Bătălia finală descrisă în Biblie este o luptă între promotorii sclaviei şi mesagerii libertăţii. În cadrul acesteia, fiinţele umane trebuie să aleagă între Enlil, care îi reprezintă pe extratereştrii care doresc să înrobească omenirea şi să o îmbine cu tehnologia inteligenţei artificiale, creând cyborgi obedienţi, şi Enki, care îi reprezintă pe extratereştrii care doresc ca fiinţele umane de pe Pământ să urce în conştiinţă şi să li se alăture ca o rasă intergalactică.

Acest sens, așa cum este prezentat de Biblie, a fost distorsionat astfel încât ființele umane neagă această trezire, care este facilitată în mod natural de o nouă aliniere planetară în cosmos. Epoca Vărsătorului este Epoca Conștiinței și nu poate fi irosită și respinsă decât prin supunerea la dogmă și la nevoia ca „cerul să coboare pe pământ", în loc de opusul: ascensiunea ființelor umane la o poziție de egalitate cu alte rase extraterestre, departe de izolarea planetară pe care o experimentează acum. Urmând această interpretare, constatăm că, în loc să elibereze umanitatea, multe religii o îngenunchează, cu ajutorul guvernelor pământești, care caută să profite de pe urma sclaviei continue a umanității și să mențină ierarhiile care există de mii de ani. Acest lucru se întâmplă deoarece, pe măsură ce omenirea se trezește și vede adevărul, puterea guvernelor și religiilor actuale va înceta să mai existe. Acestea vor fi respinse pe măsură ce oamenii își vor da seama de înșelăciunile și falsurile lor.

Acesta este sensul Apocalipsei biblice: distrugerea finală a lumii vechi pentru a deschide o nouă eră pentru omenire. Apocalipsa înseamnă literalmente „revelație", adică revelarea adevărului, ceea ce înseamnă că oamenii nu vor mai fi ținuți în întuneric, prizonieri ai superstițiilor și ai manipulărilor puterilor. Ei vor fi eliberați prin puterea adevărului care le-a fost ascuns. Atunci, omenirii i se va acorda dreptul de a se ridica la o conștiință superioară, eliberată de situația în care a fost ținută timp de mii de ani.

În acest scenariu, orice profet, precum Iisus, este inevitabil un luciferian - un adept al învățăturilor și acțiunilor lui Lucifer - care încearcă să elibereze omenirea din starea de sclavie în care se află, să o trezească la natura sa divină și să o ridice la statutul de zeu. Tocmai pentru că au spus că toți oamenii sunt zei și copii ai zeilor, așa cum a spus Iisus, profeții din trecut s-au opus ierarhiei planetei și au sfârșit prin a fi respinși de masele ignorante, precum și uciși de cei care dețineau puterea sau autoritatea religioasă. Începutul Epocii Vărsătorului aduce cu sine potențialul umanității de a se elibera de lanțurile ignoranței și ale servituții. Prin acceptarea adevărului și respingerea învățăturilor false care ne-au ținut în întuneric, ne vom înălța la o stare superioară de conștiință și ne vom alătura alinierii cosmice din ceruri.

Capitolul 14: Adevărul manipulat

Cuvântul Satan este transliterarea în limba engleză a unui cuvânt ebraic care înseamnă „adversar", însă adversarul omului este Enlil, iar Dumnezeul iubirii pentru umanitate este Lucifer. Utilizarea greșită a acestor două cuvinte a creat neînțelegeri care i-au determinat pe mulți să vadă iluminarea ca pe ceva rău, făcând în același timp ca răul să pară bun. Ocultismul a fost asociat nu cu iluminarea, ci cu răul. Această identificare greșită este atât de puternică astăzi încât aproape toate cunoștințele despre spiritualitate, inclusiv biblioteca Nag Hammadi cu texte biblice originale, sunt segregate în domeniul ocultului și percepute ca ceva rău sau ilegal.

Adepții lui Satana, ca adevărați dușmani ai umanității, sunt cei care se opun trezirii colective și ascensiunii spirituale, optând pentru starea actuală de amorțeală care ține masele înlănțuite de stăpânii lor. Ei pot fi găsiți în orice dogmă care urmărește să inverseze scopul eliberării spirituale, cum ar fi dogmele religiilor abrahamice. Cu toate acestea, există o alegere de făcut în tot ceea ce facem și putem alege libertatea în orice moment, dacă suntem suficient de curajoși să ne eliberăm de atașamentele emoționale create în jurul altor oameni iluzorii care își vor arăta cu siguranță demonii atunci când vom fi liberi.

O mare parte din această manipulare există în jurul conceptelor de bine și rău. Superstiția, vinovăția și frica, filtrate printr-o lume a semnificațiilor și conceptelor manipulate, au orbit oamenii în fața adevărului. Această manipulare a conceptelor a permis sistemului sumerian de ierarhie și autoritate religioasă să persiste până în zilele noastre. Prin diverse acorduri și politici, cei care dețin controlul reușesc să opereze în umbră și în spatele instituțiilor în care oamenii au încredere. Chiar și puterea papei este limitată de cei care îi controlează cuvintele și acțiunile. Cei care i-au testat limitele au fost uciși de propriul lor popor.

Din aceste motive, cei care sunt iluminați sau călăuziți de Lumină sunt văzuți ca cei care au rupt vraja aruncată asupra umanității și văd dincolo de vălul minciunilor. Mulți îi văd, de asemenea, ca fiind pătrunși de superstiții religioase, posedați de demoni sau controlați de forțe malefice, deoarece răul a ajuns să fie asociat cu negarea Ierarhiei Puterilor, așa cum a făcut Lucifer. Această manipulare a sensului a ținut cunoașterea spirituală departe de îndemâna maselor și aproape i-a distrus credibilitatea și scopul, fiind adesea coruptă de cei care căutau să o folosească împotriva oamenilor care o doreau.

În loc de locuri ale iluminării, multe dintre promisiunile făcute de societățile secrete s-au transformat în forme mai profunde de corupție și manipulare. Deoarece membrii nu sunt conștienți de acest lucru, ei nu realizează cum sunt folosiți în scopuri malefice.

De asemenea, este interesant de observat că Biserica în general, de la Vatican la toate celelalte ramuri ale creștinismului, asociază practicile oculte cu manifestările demonice și încearcă să împiedice accesul membrilor săi la tot ceea ce promovează autocunoașterea sau autodezvoltarea. Ignoranța și teama maselor permit un control mai profund prin intermediul tehnologiei și al informațiilor, multe dintre ele de natură extraterestră. Acest lucru este evidențiat de faptul că persoanele posedate de demoni susțin întotdeauna că aud voci în capul lor. Acest control psihologic nu este diferit de cel care oprimă masele prin metode mai puțin directe și cu mijloace pe care au ajuns să le considere propriile lor gânduri.

Oriunde ați căuta mântuirea, veți găsi aceleași mecanisme de control: toate religiile avraamice vă spun să vă supuneți unui Dumnezeu invizibil care vă vorbește prin minte, să nu puneți la îndoială autoritatea și interpretarea cărților care au adesea sensuri contradictorii și să fiți dispuși să fiți înrobiți într-o stare de supunere totală față de ceea ce este considerat înțelepciune superioară. De asemenea, ele condamnă dobândirea de cunoștințe despre sine, mai ales dacă acestea contrazic ideile promovate de astfel de instituții. Acest lucru duce adesea la excluderea din grupuri, ceea ce îi sperie și pe oameni: discriminarea și segregarea sau, mai precis, perspectiva de a fi lăsat singur și de a o lua de la capăt.

Teama de a fi expulzat dintr-un trib din care simți că faci parte este o teamă foarte veche, deoarece până acum sute de ani aceasta însemna de obicei sărăcie și moarte, deoarece majoritatea oamenilor nu puteau supraviețui singuri. Astăzi, însă, situația este foarte diferită. Oamenii sunt perfect capabili să trăiască pe cont propriu şi să o ia de la capăt, chiar să se mute cu uşurinţă dintr-o ţară în alta. Cu toate acestea, frica subconştientă prezentă în structura noastră genetică şi în memoria reîncarnărilor trecute este încă foarte vie şi este folosită de religie împotriva adepţilor săi.

Prin aderarea la un grup religios, o persoană este flatată şi bombardată cu diverse forme de atenţie şi validare, astfel încât învaţă să se teamă să piardă legăturile emoţionale şi validarea socială care vin odată cu acestea. Pedeapsa pentru trădarea mentalităţii de grup este pierderea tuturor acestor iubiri iluzorii. Această strategie este foarte asemănătoare cu cea folosită de indivizii cu tulburări narcisiste de personalitate pentru a-şi păstra victimele ataşate de ei. Este o tactică de control mental prin intermediul emoţiilor, nevoilor şi vulnerabilităţilor victimelor însele. De fapt, prada preferată a majorităţii religiilor sunt persoanele care tind să se simtă izolate de societate. Aceste grupuri sunt rareori interesate de persoanele care au multe cunoştinţe şi o viaţă socială sănătoasă, deoarece acestea sunt mai greu de controlat şi manipulat. Ei folosesc exact aceleaşi tactici ca narcisiştii, psihopaţii şi alţi prădători umani atunci când caută victime, ceea ce poate explica de ce găsiţi atât de multe dintre aceste personalităţi periculoase într-o congregaţie religioasă.

Capitolul 15: Edenul dezvăluit

Grădina Edenului simbolizează foarte bine ceea ce îi determină pe oameni să se supună celor care îi înrobesc prin intermediul religiilor abrahamice. De fapt, a fost o grădină reală pe Pământ. „Grădina Edenului descrisă în Geneza 2 este foarte asemănătoare cu o grădină regală sau cu paradisul persan. Are apă din belșug în râurile care curg prin ea, fructe și plante de tot felul pentru hrană și este „plăcută ochiului". Dumnezeu locuiește acolo, sau cel puțin îi vizitează pe Adam și Eva așa cum ar face-o un rege într-o grădină regală" (Laura Hood, pe theconversation.com). Această asemănare are o rațiune de a fi, deoarece, potrivit textelor sumeriene, Grădina Edenului (un cuvânt sumerian care înseamnă „pământ plat") este menționată ca fiind în Mesopotamia, între râurile Tigru și Eufrat, adică între Irakul și Iranul moderne, care au adoptat cu siguranță aceeași tradiție în propriile palate. Textele sumeriene mai spun că Edenul era format din mai multe orașe sumeriene, fiecare păzit de propriul zeu, și că, deși oamenii și zeii trăiau împreună, oamenii erau servitorii zeilor.

Ideea că existau mai mulți zei în loc de unul singur era derutantă pentru cei care doreau să adopte o credință monoteistă, astfel că aceşti zei au fost înlocuiţi cu îngeri în scripturile religioase. Deşi sensul este acelaşi, ideea că există un singur Dumnezeu în loc de mai mulţi zei facilitează controlul maselor, care devin supuse unei singure autorităţi, în loc de o multitudine de fiinţe superioare cu personalităţi diferite, pe care oamenii le pot depăşi în intelect şi cunoaştere. De fapt, povestea lui Adam şi a Evei capătă un sens foarte diferit dacă interpretăm dorinţa lor de a dobândi înţelepciunea mai multor zei, mai degrabă decât pe cea a unuia singur. Este firesc ca fiinţele umane să dorească să se dezvolte şi să devină mai bune, aşa că nu era greşit să dorească să devină ca zeii.

Potrivit textelor antice, existau sute de zei în Eden, iar aceşti zei nu erau atât de diferiţi de oameni, cu siguranţă transmiteau multe obiceiuri şi tradiţii servitorilor lor. Textele sumeriene spun că zeii petreceau, beau bere şi râdeau mult. Când fiinţele umane au atins o conştiinţă superioară, şi-au dat seama că aceşti zei nu erau atât de superiori sau diferiţi de ei, ci doar mai bine educaţi. Astfel, fiinţele umane sunt instruite să nu se închine altor zei, din cauza rivalităţii dintre ei şi a agendei lor.

Cuvântul latin „Lucifer" înseamnă „steaua dimineţii" sau „purtător de lumină", deoarece Lucifer este cel care conduce la iluminare, o stare similară trezirii de dimineaţă, oferită de soare. El este cel care face omenirea să vadă. Pe baza acestei idei, multe civilizaţii antice au învăţat să îl venereze pe Lucifer odată cu răsăritul soarelui, cu dobândirea de cunoştinţe şi cu sexul în scopul procreării.

Iisus a confirmat că era un adept al învăţăturilor luciferiene atunci când a vorbit despre Dumnezeu astfel: „A Lui este adevărata lumină care luminează pe toată lumea" (Ioan 1:4, 9); și el însuși a afirmat: „Eu sunt lumina lumii. Oricine mă urmează pe mine nu va umbla în întuneric, ci va avea lumina vieții" (Ioan 8:12); și «Atât timp cât sunt în lume, eu sunt lumina lumii» (Ioan 9:15).

Isus a fost interesat de ridicarea umanității printr-o înțelegere a vieții și o ideologie pe care el însuși le-a urmat. Cu toate acestea, narațiunea biblică adoptă o logică diferită, portretizându-l pe Lucifer ca opresor, lider al îngerilor căzuți sau al zeilor rebeli, dar și ca diavol, ceea ce înseamnă „adversar" și „oponent" al umanității. Utilizarea eronată a acestor cuvinte în Biblie și în Coran este rădăcina atâtor confuzii legate de religie.

Când omul a fost expulzat din Eden, a trebuit să învețe să supraviețuiască pe cont propriu, dar a fost eliberat și de stăpânii săi, ceea ce este paralel cu societatea de astăzi, deoarece puțini oameni îndrăznesc să iasă din sistem și să trăiască independent. Cei mai mulți încă doresc să își urmeze programul genetic, deoarece se simt mai confortabil lucrând pentru alții, înrobindu-se celor care sunt considerați superiori. Ideea că cineva liber de sistem este un rebel, un proscris, un criminal, este cu siguranță o amintire spirituală vie care se manifestă astăzi la fel ca atunci.

Oamenii încă acționează conform programului lor genetic, așa cum intenționează stăpânii lor, și încă le este teamă să își construiască propria viață independent și separat de sistemul pe care îl cunosc. De fapt, mulți oameni pe care îi cunosc, în special cei care aparțin unei religii, nu mă văd ca pe un profet, ci ca pe un demon, deoarece posed cunoștințe care transcend și distrug dogmele lor. Ei mă văd ca pe o amenințare și o insultă la adresa existenței lor, nu ca pe cineva de la care pot învăța. Mă consideră malefic pentru că știu prea multe și pun la îndoială minciunile pe care le propovăduiesc. Așadar, nimic nu s-a schimbat în mii de ani de absurditate absolută, întuneric și ignoranță, cu excepția, poate, a faptului că oamenii nu mai sunt arși de vii în piețe publice pentru că scriu ceea ce miliarde de suflete ignorante încă consideră blasfemie.

Religia consolidează acest program genetic, menținându-i pe oameni supuși și confundându-i pe închinători cu cuvintele. În acest fel, inamicul i-a făcut pe creștini să se închine nu Mântuitorului, ci asupritorului, și apoi să mențină aceleași valori impuse de asupritorii din trecut. De fapt, cel mai bun mod de a oprima pe cineva este să îl ții ignorant și în întuneric, deoarece ignoranța este absența gnozei, care este cuvântul grecesc pentru cunoaștere sau informație. Isus a confirmat acest lucru când a spus: „Lumina a venit în lume, dar oamenii au iubit întunericul mai mult decât lumina" (Ioan 3:19). La fel ca pe vremea Lui, oamenii de astăzi preferă să rămână ignoranți decât să primească informații care i-ar ilumina, pentru că le este teamă să fie liberi.

Capitolul 16: Întunericul pe care oamenii îl acceptă

Dacă lumina este cunoaștere, întunericul este ignoranță. Acesta este motivul pentru care creștinii consideră scrierile gnostice drept erezie, iar Vaticanul restricționează accesul publicului la biblioteca sa, pentru că aceasta este, de fapt, calea întunericului: acceptarea pasivă a ceea ce ni se spune, fără a pune la îndoială validitatea sa. Se estimează că arhivele secrete ale Vaticanului conțin 85 de kilometri de rafturi, cu 35 000 de volume numai în catalogul selectiv.

Isus ne-a avertizat împotriva acestor oameni când a spus: „Feriți-vă de profeții falși, căci vin la voi în haine de oaie, dar pe dinăuntru sunt lupi feroce" (Matei 7:15); „Mulți vor veni în numele Meu, pretinzând că vremea este aproape. Să nu-i urmați!" (Luca 21:8). În mod clar, Isus se referea la creștini și musulmani, pentru că ei sunt cei care urmează o carte de minciuni în timp ce încearcă să îi convertească pe alții de teama profeției sfârșitului vremurilor. Ei resping adevărul și cunoașterea de sine și suprimă informațiile relevante pentru mântuirea noastră. Ei sunt lupi în blană de oaie, deoarece manipulează şi denaturează adevărul pentru a promova minciunile.

Duşmanii iluminării sunt dogma, superstiţia şi ignoranţa, precum cele întâlnite în multe religii din zilele noastre. Cu aceste caracteristici care vă blochează vederea, nu este posibil să vedeţi adevărul. Războiul descris de Hristos este un război împotriva religiilor populare, iar Antihristul trebuie să fie o reprezentare a aceloraşi religii: un anti-conştiinţă, anti-iluminare sau anti-evoluţie. Antihristul va veni în mod necesar prin intermediul acestor grupuri şi va fi cel mai probabil cineva care le va uni, la fel cum Domnii Edenului s-au unit într-un singur Dumnezeu atunci când au creat monoteismul. Şi dacă acest Antihrist este un om, ar putea fi el papa? Sau nu este el un om, ci un concept, o idee?

În mod interesant, înşelăciunile Antihristului conform Coranului sunt foarte asemănătoare cu ceea ce spun Martorii lui Iehova despre acţiunile propriului lor Dumnezeu creştin. Amândoi cred că oamenii vor învia din morţi, cu excepţia faptului că, pentru musulmani, acesta este un truc realizat de Dumnezeul lor fals. Conform scripturii islamice, Dajjal (sau Antihristul, despre care musulmanii cred că este evreu) va spune: „Ce-ar fi dacă ţi-aş readuce la viaţă tatăl şi mama ta? Atunci vei depune mărturie că Eu sunt Domnul tău?” Veţi spune: „Da”, iar apoi doi demoni vor lua forma tatălui şi a mamei voastre şi vor spune: „Urmaţi-l, pentru că el este Domnul vostru”. Aceasta ar putea fi o descriere a actului de clonare umană, o caracteristică posibilă prin tehnologia avansată creată pe Pământ sau de extratereştri, sau cu cooperarea ambelor.

În ceea ce priveşte posibilitatea ca Israelul să devină locul de naştere al Antihristului, aşa cum cred musulmanii, acest lucru este, de asemenea, în domeniul evenimentelor probabile, mai ales dacă ne uităm la steagul Israelului şi observăm că acesta conţine simbolul lui Molech, care nu are nicio legătură cu regele David al iudaismului. Molech este menţionat pe nume în Biblie (în Ieremia 32:35), unde este asociat cu Baal, care înseamnă „proprietar" sau „stăpân" în limbile semitice nord-vestice vorbite în Levant în antichitate. Mai târziu, a ajuns să fie aplicat zeilor, la plural mai degrabă decât la singular.

Moloc este, de asemenea, un alt nume pentru Bel-Marduk, fiul lui Enki şi principala zeitate a Babilonului. Conform învăţăturilor lui Iisus, Marduk, ca fiu al lui Enki, aducător de lumină, se reîncarnează în el însuşi. Iisus se referă la Enki ca la tatăl său, ceea ce face din creştinism o continuare a religiei babiloniene. Vedem confirmarea acestui lucru în rugăciunea sa, pe care creştinii o repetă inconştient, şi care se încheie cu „Amin", un cuvânt de origine egipteană care înseamnă „Amun".

Amon era zeul egiptean al ocultismului, reprezentat ca un berbec cu coarne curbate. În timpul Regatului Mijlociu (c. 2055-1650 î.Hr.), Amon şi Ra au fost uniţi ca doi zei într-unul singur (sau ideea că Tatăl şi Fiul sunt unul şi acelaşi). Ca zeu al soarelui, Ra a fost una dintre cele mai importante şi venerate zeităţi din Egiptul Antic, fiind asociat cu soarele, lumina şi creşterea. Se credea că Ra stăpânea cerurile, pământul şi lumea subterană şi era strâns asociat cu faraonii, care erau consideraţi reprezentanţii săi pe Pământ.

Cuvântul „Amin" apare în ebraică şi este folosit pentru a exprima acordul, afirmaţia sau supunerea absolută în credinţă. Prin urmare, atunci când creştinii îşi încheie rugăciunile cu „Amin", ei îşi exprimă credinţa în zeul Amun-Ra, Tatăl şi Fiul, cei doi ca unul, conducătorul luminii, al ocultismului şi al lumii subterane sau al iadului. Dacă Molech şi Baal sunt acelaşi zeu, iar Molech este un alt nume pentru Marduk, care este, de asemenea, fiul lui Enki, despre care Isus a pretins că este fiul, şi Amun-Ra, ca Tată şi Fiu, nu s-ar închina toţi aceloraşi zei?

Cum îl putem distinge pe Hristos ca fiind o fiinţă bună dacă el îl reprezintă pe Baal, conducătorul Pământului? Sau Antihristul ar fi o zeitate bună în acest scenariu? Se pare că fie Iisus vorbea despre un zeu care nu este venerat niciodată, fie el însuşi reprezenta puteri malefice. Dacă Antihristul este Iisus însuşi, Baal, Marduk, Molech şi Amon, prinţul şi stăpânul Pământului, atunci trebuie să luăm în considerare faptul că au fost reprezentate entităţi diferite pentru a ascunde acelaşi nivel de opresiune şi manipulare a maselor, în funcţie de nevoile vremii.

Este demn de remarcat faptul că Molech era un zeu canaanit antic asociat cu sacrificarea copiilor, Baal era zeul fertilităţii, iar Amon îl reprezintă pe acelaşi zeu. Aşadar, care este diferenţa dintre Iisus aşa cum este descris? Acest lucru poate părea derutant pentru cei care aşteaptă întoarcerea lui Iisus, aşa cum este menit să fie derutant, mai ales dacă nu se aşteaptă la o fiinţă care îi va subjuga şi le va sacrifica copiii. Totuşi, aceasta ar fi cea mai mare înşelăciune: fiinţe extraterestre care lucrează cu guvernele pentru a restaura credinţa babiloniană, cu Iisus în centru.

Papa nu ar vrea să piardă barca, așa că este în interesul său ca creștinismul, islamul și iudaismul să se unească în această decepție globală. Dar ar fi, de asemenea, interesant de văzut cum miliardele de oi care venerează acest zeu al soarelui se vor înrobi voluntar în numele credinței lor oarbe, culminând cu o întoarcere la originile lor ca sclavi cu deficiențe cognitive, atât de incredibil de proști încât nu-și dau seama că sunt goi, tratați ca niște animale în numele supunerii totale față de forțele extraterestre.

O altă paralelă cu religiile antice este faptul că, pe măsură ce cultul lui Baal a crescut în importanță, cuvântul Baal a fost considerat prea sacru pentru a fi rostit cu voce tare de oricine, cu excepția marelui preot, iar pseudonimul „Lord" a ajuns să fie folosit în schimb. Babilonienii au folosit atunci cuvântul „Bel" (care înseamnă „Domn"), iar israeliții au folosit cuvântul „Adonai" (care înseamnă „Domn") în același scop și cu același înțeles. Cuvântul Baal a fost înlocuit cu Yahweh la începutul istoriei israeliților pentru a semnifica Cel care provoacă creația.

Capitolul 17: Decepția demascată

Yahweh, Molech, Marduk, Baal și Iisus au ajuns să reprezinte aceeași entitate, motiv pentru care Iisus este prezentat de multe grupuri drept Fiul lui Dumnezeu și Dumnezeu Însuși. Discul solar, numit „Aten", era un simbol important care reprezenta energia vitală a soarelui și legătura faraonului cu puterea divină. Acest simbol este văzut astăzi în reprezentările lui Iisus cu un disc solar în spatele capului. Totuși, acest simbolism devine mai clar atunci când realizezi că Iisus a fost prezentat ca parte a unei adaptări a aceluiași folclor, inventat probabil de greci pe baza unei compilații de evenimente istorice și a nevoii de a avea narațiuni religioase mai elaborate.

Faptul că Noul Testament a fost probabil scris inițial în greaca koine, dialectul grecesc comun din estul Mediteranei în perioada elenistică și romană, și apoi tradus în alte limbi, inclusiv latină, coptă, siriacă și, mai târziu, ebraică și aramaică, și nu invers, este unul dintre numeroasele indicii în această direcție. Se estimează că cărțile Noului Testament au fost scrise între anii 50 și 150 d.Hr., astfel încât este foarte puțin probabil ca oamenii din acea vreme să aibă vreo amintire despre un om care făcea minuni în Palestina, cu atât mai puțin despre mersul pe apă și învierea morților. În plus, mulți cred că Biblioteca din Alexandria, de la care mulți savanți greci și-au obținut cunoștințele, a fost incendiată de cei care au încercat să ascundă sursa religiei lor nou descoperite și dovezile falsurilor și plagiatelor sale.

În plus, este demn de remarcat faptul că Noul Testament prezintă influențe ale culturii și filosofiei elenistice, reflectând influența gândirii elenistice prin interacțiunea cu comunitățile locale ale vremii. Ca multe alte mituri ale politeismului grec, creștinismul a fost prezentat ca o poveste mai bună pentru a distra masele, care au ajuns să creadă că zeii erau reali și să se închine lui Amun ca zeu al lor, fără nicio dovadă de acuratețe istorică. De fapt, grecii își copiaseră și își adaptaseră deja propria religie pe baza studiilor dobândite în Egipt și Orientul Mijlociu. Prin urmare, nu este surprinzător faptul că au inventat un folclor mai potrivit pentru a distra masele credulilor care, susținute de Imperiul Roman, căutau învățături mai bune despre moralitate și credință.

Coranul menționează că profetul Ilie a avertizat împotriva închinării la Baal, spunând: „Îl invocați pe Baal și îl abandonați pe cel mai bun dintre Creatori, Allah, Domnul vostru și Domnul primilor voștri strămoși?" Totuși, acest lucru înseamnă că el avertiza împotriva închinării la Iisus. Dacă creștinii, musulmanii și evreii adoră „o mulțime de dumnezei" în timp ce pretind că sunt monoteiști, am putea spune că aceste pasaje, ca multe altele, au fost probabil inventate de oameni care nu știau despre ce vorbesc atunci când au inventat încă o religie plină de absurdități pentru a pune în mod deliberat diferite grupuri unele împotriva altora.

Marea înșelăciune este o rețea complexă de minciuni și manipulări menite să mențină omenirea într-o stare de ignoranță și servitute. Cu cât interpretările devin mai confuze și cu cât predicatorii încearcă să-i împiedice pe oameni să pună întrebări, cu atât absurditatea se răspândește mai mult, până la punctul în care o persoană își riscă viața prin simplul refuz de a adera la ea. De fapt, în conformitate cu legea islamică clasică, apostazia este considerată o infracțiune gravă. Unele interpretări tradiționale prevăd pedepse severe, inclusiv moartea, pentru cei care abandonează credința.

Această viziune se bazează pe anumite hadith-uri (spuse și acțiuni atribuite profetului Mahomed) și pe acțiunile comunității musulmane timpurii. În țările în care apostazia este incriminată, pedepsele pot varia de la amenzi și închisoare până la pedeapsa cu moartea. În plus față de consecințele juridice, persoanele care abandonează islamul se pot confrunta cu stigmatizarea socială, ostracizarea sau chiar violența din partea familiilor sau comunităților lor. Aceste consecințe sociale pot fi grave și reprezintă o preocupare reală pentru multe persoane care decid să abandoneze credința.

Islamul ar deveni astfel Imbecilitatea 3.0, după ce creștinismul a apărut ca Imbecilitatea 2.0. Dar absurditatea nu se termină niciodată, mai ales când ne uităm la formele moderne de creștinism care apar în Statele Unite. Este foarte probabil să ne apropiem de sfârșitul timpurilor cu o fuziune a celor mai severe și absurde religii, care vor oprima apoi omenirea în numele unor dumnezei falși.

Capitolul 18: Înălțarea se apropie

Musulmanii își confundă religia cu iudaismul și creștinismul, asimilând aceleași principii dintr-o nouă perspectivă, deoarece a devenit o religie falsă, plină de contradicții. Divizarea și cucerirea a fost, se pare, strategia folosită de zei pentru a controla populația Pământului, conducându-i pe toți în războaie fără sens pentru a afla cine este cel mai bun servitor și cine poate produce cei mai buni sclavi. Războaiele sfinte au fost o încercare de a dovedi cine era cel mai dispus să fie înrobit în numele unei minciuni istorice pentru a readuce societatea la starea sa de servitute absolută. Scopul islamului este același cu cel al oricărui alt grup: să cucerească mințile celor care nu au fost încă cuceriți și înrobiți de idealuri false. Dacă discutați cu membrii oricărui grup religios, este evident că ei consideră că religia lor este cea mai satisfăcătoare. Așadar, divergența de credințe în cadrul aceleiași strategii și valori îi menține pe toți fericiți sub aceeași vrajă manipulatoare.

Singura speranță a omenirii de a ieși din această nebunie este reîncarnarea ființelor iluminate din alte civilizații, cunoscute și sub numele de Starseeds, precum și contactul direct cu ființele extraterestre prin intermediul celor care sunt pregătiți pentru această interacțiune, numiți contactees. Posibilitatea ascensiunii vine de la aceste suflete care vorbesc despre civilizații extraterestre și forme superioare de conștiință. Nu este surprinzător faptul că ei sunt prezentați ca nebuni și ridiculizați de mase. De asemenea, ele sunt respinse de adepții religiilor abrahamice, tocmai pentru că pot oferi cunoștințele care pot rupe vraja sub care se află omenirea, făcând ca oamenii să dorească în mod natural să se îndepărteze de falsurile religioase.

Pe de altă parte, nu ar trebui să-i ignorăm pe cei care folosesc tema vieții extraterestre pentru a face exact opusul și, prin înșelăciunea lor, să mențină omenirea în ignoranță. Tendința unor culte din ultimii ani de a-l portretiza pe Iisus ca fiind un extraterestru comandant al unei nave spațiale i-a satisfăcut cu siguranță pe cei care nu se pot desprinde de minciunile grupărilor lor și care doresc totuși ceva dincolo de aceste minciuni. Deoarece ființele umane sunt încă foarte limitate în capacitatea lor de a procesa informații și de a analiza orice dincolo de ceea ce este cunoscut, există o nevoie puternică de a simplifica excesiv, ceea ce îi împiedică pe oameni să înțeleagă adevăruri mai înalte. Creierul uman este încă incapabil să înțeleagă și să asimileze niveluri superioare de complexitate, precum cel descris aici, când cuvintele „Lucifer", „Satana" și „Diavolul" sunt folosite atât de frecvent și eronat.

Majoritatea oamenilor nu pot obține adevărul pe care îl doresc, chiar și atunci când îl cer, și sunt ușor induși în eroare atunci când caută aceste răspunsuri. Răspunsurile pe care le primesc sunt evident mai potrivite nivelului lor intelectual scăzut. În acest sens, creștinii, evreii și musulmanii au fost înșelați și se așteaptă la un război sfânt în viitor pentru a-i menține uniți sub o promisiune de mântuire bazată pe ideea antică „noi împotriva lor". Această intenție de a pune diferite grupuri unele împotriva altora este bine descrisă de apologetul musulman Osamah Abdallah, care spune: „Creștinii cred că Iisus va coborî pe pământ și va lupta pentru statul Israel.... Ceea ce mi se pare destul de ironic este că evreii, pentru care Iisus ar trebui să lupte, nici măcar nu cred în el ca Dumnezeu sau ca unul dintre mesagerii săi. Noi credem că Iisus va coborî pe pământ la sfârșitul lumii pentru a lupta împotriva armatei Satanei, care va fi formată în principal din „evreii răi", sau „evreii sioniști", cum îi numim astăzi, și din creștinii, hindușii, budiștii etc. înșelați. Unii vor fi printre „cei buni și binecuvântați" care vor lupta alături de Iisus."

Întrucât aceste religii se bazează pe minciuni, un alt „Război al zeilor" îi va arăta probabil pe adoratorii zeilor din Eden înfruntând o rebeliune din cer pentru a opri această ultimă încercare de a înrobi omenirea. Deși musulmanii se așteaptă să fie un război între doi iezuiți, este mai probabil să fie un război între două forțe interplanetare opuse pentru soarta omenirii. Cu toate acestea, acest război nu va avea loc dacă omenirea alege să fie din nou înrobită și refuză să se ridice la stări superioare de conștiință. Acesta este motivul pentru care în ultimele secole au apărut atât de multe religii care propovăduiesc aceleași ideologii. Intenția este de a se asigura că spiritualitatea este asociată cu un singur Dumnezeu și că acest Dumnezeu, promovat ca fiind binevoitor, înțelept și iubitor, este același care a înrobit omenirea și a ținut-o în război în toți acești ani: Dumnezeul unic din cărțile religioase.

În acest fel, stăpânii care au înrobit omenirea își pot menține puterea asupra ei, care va refuza apoi să fie salvată de cei care au cu adevărat acest scop. Acest lucru se întâmplă deja, mulți cercetători religioși și preoți susținând că extratereștrii sunt spirite demonice, precum și încercări de a uni omul și mașina, creând o civilizație a cyborgilor prin utilizarea nanotehnologiei, prezentă deja în multe vaccinuri.

Capitolul 19: Civilizația cipată

pariția microcipării și a nanotehnologiei promite să creeze subiecți mai supuși decât cei din antichitate, deoarece acești indivizi pot fi ușor monitorizați și controlați. Acest fenomen nu este nou; de-a lungul istoriei, profeții falși și-au vândut oamenii în ideologii monoteiste, pretinzând că vor ajuta omenirea, dar în realitate înrobind-o. Astăzi, acești falși profeți sunt oamenii de știință și experții în sănătate care, sub pretextul progresului, conduc omenirea într-o vrajă mai adâncă din care s-ar putea să nu-și mai revină niciodată.

Isus a avertizat cu privire la această luptă atunci când a spus: „Trimite lumina Ta și adevărul Tău; ele să mă călăuzească" (Psalmul 43:3). El nu se poziționa ca lider, ci sublinia că adevărul și lumina îi vor călăuzi pe cei care caută un adevăr superior. Observați că el combină lumina și adevărul, poziționându-se după aceste valori, spre deosebire de învățații religioși, care îl plasează pe Isus în centrul dogmelor lor. Potrivit lui Isus, „națiunile care sunt salvate vor umbla în lumina lui" (Apocalipsa 21:24), ceea ce înseamnă că aceste națiuni vor alege iubirea și adevărul în locul dogmelor religioase. Care națiuni iubesc adevărul și resping dogmele? Să se fi referit oare la insulele uitate din Oceanul Pacific, care nu prezentau niciun interes pentru Vatican şi pe care britanicii şi francezii le-au ignorat, sau la cele în care predicatorii sunt încă întâmpinaţi cu săgeţi?

Speranţa salvării constă în mutarea pe un tărâm fără dogme sau superstiţii, dar găsirea acelui loc este dificilă, deoarece aproape întreaga planetă a fost colonizată cu minciuni şi superstiţii. În acest context, luciferianismul nu este o religie a răului, ci a iluminării, deoarece adevăratul rău se află în dogma religioasă, în special în creştinism şi în alte religii abrahamice. Creştinismul a fost întotdeauna atât de corupt încât chiar şi primii episcopi nu erau de acord între ei. Unul dintre motive a fost identitatea şi naşterea lui Iisus. De exemplu, Arius, un presbiter şi preot din Alexandria în Egipt, a propus că Hristos nu era divin, ci o fiinţă creată. Arianismul susţinea că Dumnezeu era o fiinţă unică şi că Iisus era doar un om, nu Dumnezeu întrupat. Ei au respins doctrina creştină dominantă a Sfintei Treimi.

Oponenţii lui Arius, inclusiv episcopul Atanasie, au susţinut că învăţătura lui Arius îl reducea pe Fiul la un semizeu şi submina conceptul creştin de mântuire. Printre oponenţii arianismului s-a numărat episcopul Lucifer Calaritanus, care a fondat Luciferienii, un grup creştin ortodox care a căutat să îşi perpetueze punctele de vedere riguros ortodoxe. Aceşti Luciferieni şi alţi creştini niceeni au câştigat dezbaterea, ducând la respingerea arianismului. Împăratul Constantin a ordonat pedeapsa cu moartea pentru cei care refuzau să renunţe la scrierile ariene, condamnându-i ca eretici. Această doctrină luciferică, dominantă în multe congregaţii creştine moderne, ne spune că Hristos şi Dumnezeu sunt în acelaşi timp egali şi diferiţi, ceea ce înseamnă că atunci când Hristos se ruga, vorbea în esenţă cu el însuşi, deşi erau două entităţi diferite. Acest concept este deconcertant şi ridică semne de întrebare cu privire la coerenţa credinţelor creştine.

Putem presupune că Lucifer şi Iisus sunt tată şi fiu, sau că Iisus ar fi o clonă a lui Lucifer, dar acest lucru ar necesita recunoaşterea existenţei lui Lucifer şi a unui proces de clonare. Între timp, mai multe secte creştine sunt şocate să audă preoţii de la Vatican cântând în latină: „O, Lucifer, care nu vei fi niciodată învins, Hristos este fiul tău". Cu toate acestea, această frază este în concordanţă cu credinţele creştine, deoarece luciferienii au câştigat dezbaterea şi au declarat că Iisus este Fiul lui Dumnezeu şi al lui Lucifer. Toate celelalte lucruri pe care le vedem în diferitele confesiuni creştine sunt doar ramuri diferite ale aceleiaşi absurdităţi adânc înrădăcinate. Această absurditate generalizată sugerează că, dacă crezi în Iisus ca Fiu al lui Dumnezeu, crezi de asemenea că minunile Sfintei Biserici sunt făcute în numele lui Lucifer şi că luciferienii reprezintă adevărata ramură a creştinismului.

Nu este ironic faptul că Inchiziţia a torturat şi a ars mii de oameni bazându-se pe aceeaşi premisă? Se pare că Sfânta Biserică nu este foarte diferită de sociopaţii şi narcisiştii oportunişti care încearcă să îşi ascundă răul prin acuzaţii false, umilire publică şi apoi pedepsire sadică. De ce, atunci, creştinilor le-ar fi greu să accepte că Vaticanul este implicat în abuzuri asupra copiilor şi poate în sacrificii rituale în camere ascunse? Nu sunt aceste practici consecvente cu credinţa? Poate că sunt mai consistente decât recunosc mulţi creştini. De fapt, mulţi cercetători cred că

Iisus cel biblic nu a fost arestat din cauza credinţei sale, ci pentru că era un pedofil implicat în practici ritualice cu copii. Acest lucru este sugerat în Evanghelia după Marcu (14:51-52), care afirmă că Isus a fost arestat în Grădina Ghetsimani după ce a fost găsit cu „un tânăr care purta doar o haină de in", care „a fugit gol, lăsându-şi hainele în urmă" după arestarea lui Isus.

Cuvântul grecesc tradus prin „tânăr" este neaniskos, care era asociat cu adolescenţii. Acest lucru îl face pe Iisus similar profetului Mahomed, care s-a căsătorit cu Aisha, o fetiţă de şase ani. Dar cât de departe am ajuns de atunci? În Iran, vârsta legală pentru căsătoria fetelor este de 13 ani; în Pakistan şi Indonezia, de 16 ani; iar în Afganistan, mai mult de 35 % dintre fete sunt căsătorite înainte de vârsta de 18 ani, adesea la vârsta de 9 sau 10 ani. Acest lucru se face de obicei cu acordul familiei, care îşi vinde fiicele împotriva voinţei lor celui care oferă mai mult. Cu alte cuvinte, religia legitimează şi legalizează pedofilia şi violul.

În ceea ce priveşte crimele creştinismului, conform unui raport din 2004 al Colegiului John Jay de Justiţie Penală, comandat de Conferinţa Episcopilor Catolici din SUA, aproximativ 4 392 de preoţi au fost acuzaţi de abuzuri sexuale între 1950 şi 2002, dar numai 10 % au fost urmăriţi penal şi condamnaţi la închisoare. În Australia, conform Comisiei regale privind răspunsurile instituţionale la abuzurile sexuale asupra copiilor, 1 880 de preoţi care au lucrat între 1950 şi 2010 au fost acuzaţi de abuzuri sexuale asupra copiilor, dar mai puţin de 10 % au fost urmăriţi penal şi condamnaţi la închisoare.

Capitolul 20:
Secretele dezvăluite

Înființat în 2010 de reverendul Kevin Annett - nominalizat la Premiul Nobel - Tribunalul Internațional pentru Crime ale Bisericii și Statului își propune să unească supraviețuitorii genocidului și torturii copiilor din întreaga lume și să construiască o mișcare politică, spirituală și juridică amplă pentru a demantela Vaticanul și alte biserici și guverne responsabile de crime istorice și continue împotriva copiilor și umanității. Curtea a găsit dovezi prezentate la Tribunalul de drept comun din Bruxelles potrivit cărora peste 50 000 de copii dispăruți sunt presupuse victime ale unui cult internațional de sacrificare a copiilor, cunoscut sub numele de Al Nouălea Cerc. Un document al Ordinului Catolic al Iezuiților intitulat „Magisterial Privilege" (datat decembrie 1967) a fost prezentat instanței de către procurorul șef, arătând că fiecare nou papă era obligat să ia parte la sacrificiile rituale satanice ale Cercului al IX-lea, inclusiv să bea sângele copiilor nou-născuți.

„Documentele din arhivele secrete ale Vaticanului prezentate instanței arată, de asemenea, în mod clar că, timp de secole, iezuiții au plănuit cu premeditare să ucidă nou-născuți răpiți și să le consume sângele în ritualuri", le-a spus procurorul șef celor cinci judecători internaţionali şi 27 de juraţi. Planul s-a născut din ideea întortocheată de a obţine putere spirituală din sângele celor nevinovaţi, garantând astfel stabilitatea politică a papalităţii de la Roma. Aceste acte nu sunt doar genocidare, ci şi sistemice şi instituţionalizate. „Cel puţin din 1773, ele par să fi fost efectuate de Biserica Romano-Catolică, de iezuiţi şi de toţi papii" (Christianobserver.net). Cu toate acestea, toate acestea sunt în conformitate cu sistemul lor de credinţe, deoarece dacă Hristos este fiul lui Lucifer, atunci Hristos este Molech, Baal şi Bel-Marduk, zeitatea căreia babilonienii îi ofereau sacrificii de copii.

Mitra religioasă purtată de papă şi de episcopii săi reprezintă capul unui peşte în onoarea lui Enki, zeul sumerian al apei, al creaţiei şi al cunoaşterii, cunoscut şi ca Lucifer în interpretarea modernă a acestei poveşti. Utilizarea greşită a cuvintelor este abundentă şi, în mod natural, derutantă, ca atunci când folosim cuvântul „Dumnezeu" pentru a reprezenta opusul lui „câine", implicând opusul unei creaturi iubitoare, loiale şi pline de compasiune, pentru a caracteriza un conducător brutal şi tiranic. Aceasta nu este o simplă coincidenţă, având în vedere că în cultul Bohemian Grove, politicieni şi alte personalităţi celebre participă la ceremonii de incinerare în faţa unei bufniţe uriaşe de 12 metri, care îl reprezintă pe Molech.

Printre personalităţile notabile care au participat de-a lungul anilor la această nebunie, în care membrii se dezbracă, poartă doar ţinute în alb şi negru, se închină unei bufniţe şi petrec câteva zile înconjuraţi de prostituate, se numără (în ordine alfabetică) Ambrose Bierce, Art Linkletter, Bret Harte, Calvin Coolidge,

Charlie Chaplin, Charles Schwab, Clint Eastwood, Colin Powell, Douglas Fairbanks, Dwight Eisenhower, Frank Borman, George Bush Sr, Gerald Ford, Henry Kissinger, Herbert Hoover, Jack London, Mark Twain, Pete Wilson, Richard Nixon, Ronald Reagan, Wally Schirra, Walter Cronkite, Will Rogers și William Howard Taft. Regina Elisabeta a II-a a Marii Britanii a fost de asemenea prezentă în 1983. „Majestatea Sa a fost onorată cu o ceremonie extatică de dans păgân, completată cu recuzită scumpă și elaborată, precum piramide egiptene și zigurate babiloniene" (în Money for Power, de John P. Hunter III).

Scopul venerării acestei bufnițe, într-un ritual în care se abandonează sentimentele de compasiune, empatie și dragoste pentru viața umană, nu este singurul lucru care se întâmplă. Există rapoarte despre orgii homosexuale sălbatice, cu prostituate implicate în jocuri sexuale extreme, copii tineri exploatați în moduri de nedescris, inclusiv uciderea rituală cu sânge rece. Există rapoarte despre adevărate sacrificii umane pe „altarul" statuii Zeului Bufniță (în Secret Societies, de Nick Redfern).

Este de înțeles că toate acestea sunt greu de crezut, până când reporterul Alex Jones a reușit să se infiltreze în sit și să înregistreze evenimentul real care avea loc. În esență, lideri din întreaga lume și aflați în diferite poziții de putere își arată loialitatea față de zei prin practicarea unor ritualuri care demonstrează abandonarea empatiei, deoarece numai o dorință psihopată de putere și împotriva umanității poate justifica menținerea unor astfel de personaje în locuri de influență. Astfel, putem spune că nu există nicio diferență între ipotezele făcute despre Molech, zeul răului pur. Deși putem dezbate dacă Iisus reprezintă binele sau răul, nu există nicio îndoială că multe minciuni şi abuzuri sunt săvârşite în numele său, menţinând masele docile şi ascultătoare faţă de cei care venerează bufniţe uriaşe şi se implică în petreceri sexuale în masă.

Capitolul 21: Putere și credință

Au fost creștinii păcăliți să se închine lui Moloc, care s-a deghizat într-o figură mitologică numită Iisus, care nu a existat niciodată? Există un conflict de credință atunci când figuri publice celebre pretind că sunt creștine, dar sunt apoi acuzate că sacrifică copii și practică vrăjitoria?

În Babilonul antic, oamenii se închinau lui Molech, sacrificându-i copii, la fel cum ar fi făcut fostul secretar de stat american Hillary Clinton, după cum a dezvăluit Wikileaks din e-mailurile din 2009 către fostul consilier al președintelui Barack Obama, John Podesta. Scandalul e-mailurilor Clinton-Podesta este plin de referiri la pedofilie și satanism, cum ar fi „gătitul spiritelor" și „sacrificarea unui pui", despre care mulți susțin că este un cod pentru copii. Psalmul 106:34-43 spune următoarele despre babilonieni: „Ei își sacrificau fiii și fiicele demonilor, vărsând sânge nevinovat, sângele propriilor lor fii și fiice, pe care îi sacrificau idolilor din Canaan, pângărind țara cu vărsare de sânge".

Ted Gunderson, fost director al FBI, a prezentat, de asemenea, dovezi că elitele lumii sunt implicate în sacrificarea copiilor. El a spus că există o rețea internațională de trafic de copii și pedofilie asociată cu diverse ritualuri. Aceste ritualuri includ vânzarea de copii ca sclavi și transportul lor pe calea aerului la Washington, D.C., pentru a fi folosiți în orgii sexuale de către politicieni. Cu peste 100 000 de copii dispăruți în fiecare an în SUA, Gunderson a declarat că FBI este complice la mușamalizarea acestei situații. Deloc surprinzător, cazul lui Hillary Clinton a fost uitat. Potrivit lui James Kallstrom, fost director adjunct al FBI, Bill și Hillary Clinton fac parte dintr-o „familie criminală" care a înființat un cartel pentru a mitui și intimida autoritățile de rang înalt ori de câte ori una dintre infracțiunile lor este investigată. De asemenea, acesta a afirmat că Hillary Clinton este o „mincinoasă patologică" și un agresor sexual prădător și că Bill Clinton este un violator în serie ale cărui crime au fost acoperite de generații succesive de funcționari corupți aflați pe statul de plată al familiei Clinton.

Imaginile găsite pe laptopul lui Anthony Weiner (soțul lui Huma Abedin, arestat în 2017 pentru că a întreținut relații sexuale cu o minoră) i-ar fi făcut pe unii dintre cei mai duri polițiști din NYPD să plângă, să vomite și să caute ajutor psihologic. Sursele susțin că videoclipul îi arată pe Hillary Clinton și Huma Abedin violând, mutilând și terorizând o fată prepubertară, determinând corpul copilului să elibereze adrenochrom în fluxul sanguin, înainte de a o sângera și a-i bea sângele într-un ritual satanic de sacrificiu. Potrivit persoanelor familiarizate cu drogul preferat al elitei, consumul acestui sânge produce un efect „intens" și „exotic".

Fie că face parte dintr-un sacrificiu de sânge sau nu, tendința de a bea sânge este în creștere în întreaga lume și devine o mare afacere. „Comunități de oameni obișnuiți - asistente medicale, personal

de bar, secretare - beau în mod regulat sânge uman" (BBC.com).
Potrivit Dame Linda Partridge, genetician la University College
London, „cercetările arată că sângele tânăr ar putea permite
oamenilor să trăiască fără boli precum cancerul și bolile de
inimă până la moarte" (The Times). Cercetătorii de la startup-ul
Ambrosia au observat îmbunătățiri ale biomarkerilor pentru
diverse boli după ce 70 de participanți la un studiu au primit
plasmă - principala componentă a sângelui - de la voluntari cu
vârste cuprinse între 16 și 25 de ani. Un alt start-up, numit Elevian,
a anunțat că a primit o investiție de 5,5 milioane de dolari pentru
a-și susține demersul. Ambrosia oferă în prezent plasmă de sânge
de la adolescenți clienților mai în vârstă, la un cost de 8.000 de
dolari pentru doi litri și jumătate. Oare religiile nu sunt altceva
decât organizații inventate pentru a ascunde perversiunile lumii
care nu au încetat niciodată să existe?

Mai mult, de ce atâtea religii folosesc încă numele Iisus, când nu
există nicio dovadă seculară din secolul I care să susțină existența
unei persoane pe nume Yeshua Ben Yosef? Deși perioada în care
se spune că ar fi existat Iisus Hristos este una dintre cele mai
documentate din istoria antică, nu există practic nicio dovadă
istorică a presupusei sale existențe în nicio înregistrare istorică
contemporană, ceea ce cu siguranță nu ar trece neobservat dacă a
făcut atât de multe minuni.

Bart Ehrman, profesor de studii religioase la Universitatea din
Carolina de Nord din Chapel Hill și la Universitatea Rutgers, a
declarat: „Oricât de ciudat ar părea, nu există nicio mențiune a
lui Iisus de către niciunul dintre contemporanii săi păgâni. Nu
există înregistrări ale nașterii, transcrieri ale proceselor, certificate

de deces; nu există expresii de interes, calomnii aprinse, referințe trecătoare - nimic. De fapt, dacă ne extindem domeniul de interes la anii de după moartea sa - chiar dacă includem întregul prim secol al erei comune - nu există nicio referire la Iisus în nicio sursă necreștină sau iudaică de orice fel." Ehrman adaugă: „Avem un număr mare de documente din acea perioadă, cum ar fi scrierile poeților, filosofilor, istoricilor, oamenilor de știință și oficialilor guvernamentali, de exemplu, ca să nu mai vorbim de colecția mare de inscripții pe piatră care au supraviețuit, scrisori private și documente juridice pe papirus. În niciuna dintre aceste scrieri nu este menționat măcar numele lui Iisus".

Alex Collier a explicat: „Constantin era atât de ocupat să ardă resursele Imperiului Roman și să pună capăt războaielor religioase încât a decis să creeze o religie de stat. A luat apoi religiile Occidentului, care o venerau pe Isis, și religiile Orientului, care îl venerau pe Krishna, și le-a pus laolaltă, creând „Isos-Kristos", pe care îl cunoaștem astăzi ca Iisus Hristos" (In Defence of Sacred Ground).

Capitolul 22:
Trinitatea demascată

Problema fundamentală cu care s-a confruntat Conciliul de la Niceea este că, prin separarea lui Hristos de Dumnezeu, îl etichetezi ca fiind doar un alt profet, așa cum pretinde credința islamică, și riști să provoci dispariția Bisericii creștine. De asemenea, această separare îndepărtează creștinismul de rădăcinile sale sumeriene și babiloniene, dând mai multă importanță învățăturilor gnosticilor timpurii și permițând apariția mai multor controverse între grupurile religioase pe care au încercat să le suprime. În plus, prin afirmarea faptului că Dumnezeu este unul, dar nu același cu Iisus, valorile învățăturilor creștine devin relative la interpretările fiecărui grup rival.

Potrivit lui Everett Ferguson, „marea majoritate a creștinilor nu aveau o viziune clară asupra naturii Trinității și nu înțelegeau care era miza problemelor din jurul ei" (în Church History, volumul 1). Deși proto-ortodocșii au câștigat disputele anterioare, ei au fost declarați eretici nu pentru că au luptat împotriva unor idei considerate corecte din punct de vedere teologic, ci pentru că pozițiile lor nu întruneau precizia și rafinamentul cerute de fuziunea mai multor propuneri contradictorii acceptate simultan de teologii ortodocși de mai târziu. Bart Ehrman susține că acesta este motivul pentru care Trinitatea este un concept atât de absurd, irațional și totuși necesar. Dacă asta are vreun sens, ideea unei Trinități a trebuit să fie acceptată pentru a exista un acord între dezacorduri.

Decizia finală a avut mai mult de-a face cu supraviețuirea Bisericii Creștine decât cu logica, iar luciferienii au sfârșit prin a-și justifica numele prin credința că Hristos era reprezentarea lui Molech pe Pământ și că înălțarea lui Lucifer se putea face doar prin Hristos. Și deși acest lucru nu înseamnă că creștinii sunt răi pentru că se închină lui Molech prin figura lui Iisus și simbolurilor sexuale prin folosirea crucii, mulți dintre ei, și aproape toți cei pe care i-am întâlnit, sunt într-adevăr foarte răi. Este greu să nu fii influențat de o înșelăciune malefică atunci când participi la ea în mod voluntar. Ar fi ca și cum ai spune că în armată există oameni plini de compasiune care nu vor să ucidă pe nimeni.

Motivul pentru care creștinismul acceptă predispozițiile malefice ale membrilor săi se explică prin dogmele sistemului său de credințe și prin modul în care este construit, deoarece numai cei care nu îndrăznesc să pună întrebări și participă voluntar la un cult al supunerii și al figurilor copilărești ar fi atrași de o ideologie care perpetuează astfel de atitudini cu vibrații scăzute. Acești indivizi cu vibrații scăzute sunt la fel de ușor de manipulat prin predispoziția lor bazată pe frică, fără să li se prezinte cerințele. Este o mentalitate infantilă în care ideile unui Dumnezeu prezentat ca o figură paternă se potrivesc bine cu deficiența cognitivă a adepților săi.

Ori de câte ori cineva coboară în vibrația fricii - frica de a nu fi acceptat de o comunitate creștină, frica de ceea ce cred ceilalți, frica de a nu ajunge în cer, frica de a nu fi ales într-o presupusă răpire spre cer, printre altele - încetează să mai fie un co-creator, o lumină strălucitoare a creației, și devine o creatură a întunericului, supus apatiei și unui rol pasiv în evenimentele care se desfășoară în fața sa. El devine un voluntar pentru sclavia și declinul său spiritual. Atunci când cineva se așteaptă să fie salvat de o forță externă misterioasă care îi manipulează și îi reduce potențialul cognitiv, el abandonează conștiința, responsabilitatea și creativitatea spirituală, care sunt exact vibrațiile opuse manifestate într-o ființă umană.

Acest individ coboară în cea mai joasă vibrație, care este apatia, starea mentală cea mai apropiată de moarte, motiv pentru care atât de mulți creștini par să o dorească, adesea mai presus de dorința de a face bine altora. Cei care trăiesc în frică și teroare sunt ușor de manipulat, deoarece gândurile lor sunt bazate pe supraviețuire și instinct. Ei sunt concentrați pe propriile nevoi. Creierul lor reptilian este stimulat constant, ceea ce explică de ce mulți oameni religioși par a fi rasiști și ostili față de alte religii. Ei sunt conduși de acea parte a creierului care le spune că viața lor este în pericol, că există forțe opuse împotriva lor și că existența lor este mai importantă decât a celorlalți.

Această mentalitate este cea care i-a determinat pe europeni să lupte împotriva musulmanilor în Evul Mediu și apoi i-a făcut să creadă că oricine nu era creștin era o amenințare, justificând astfel genocidul în masă al multor triburi din America de Nord și de Sud. De asemenea, a condus la multe reprezentări greșite ale budiștilor şi hinduşilor ca adoratori ai diavolului şi la o lipsă de empatie faţă de membrii acestor grupuri religioase. Majoritatea creştinilor sunt atât de prinşi în vibe-ul fricii încât îi văd pe extratereştri ca pe nişte spirite demonice care coboară din cer, iar tehnologia lor de schimbare a formei este o dovadă în acest sens, ceea ce îi face să semene cu vânătorii de vrăjitoare din secolele trecute, care vedeau în citirea oricărei alte cărţi decât Biblia o practică de adorare a diavolului.

Ceea ce încerc să spun aici este că religia lor nu este ceea ce ei cred, pretind sau au fost învăţaţi să creadă că este, şi nici nu a fost vreodată. Cei mai vicioşi, mincinoşi, calomnioşi, abuzivi din punct de vedere psihologic, necivilizaţi şi ofensatori oameni pe care i-am întâlnit în viaţa mea au fost toţi creştini de diferite confesiuni şi religii. Nivelul lor de resentiment şi ură, ascuns în spatele unei faţade de falsă prietenie, depăşeşte înţelegerea umană. Cu toate acestea, ei par la fel de confuzi ca şi cei care au nevoie de terapie, pentru că nu manifestă compasiune pentru ceilalţi. Ei cred că compasiunea este condiţionată de dogma pe care o susţin şi că aceasta este meritată doar de cei care aparţin aceleiaşi congregaţii.

Dogmele pe care creştinii le urmează nu îi fac mai buni, ci îi fac mai aroganţi, narcisişti şi egoişti. Şi nu există o demonstraţie mai mare a acestui lucru decât audierea oamenilor la protestele din Polonia susţinând că nu vor arabi în ţara lor deoarece Polonia este o naţiune creştină. Aceşti creştini polonezi par a fi prea proşti pentru a-şi da seama că Iisus a fost, de asemenea, un arab. El nu ar fi binevenit în această ţară, care îl prezintă ca pe un om alb cu părul blond şi unde localnicii dispreţuiesc pe oricine nu are pielea albă.

Polonia este unul dintre numeroasele exemple a ceea ce interpretarea religioasă greșită și prostia pot face unei întregi națiuni, care ar trebui să dispară pentru ca un viitor mai bun să fie posibil pentru popoarele lumii. În plus, nu ar trebui să li se permită să continue să promoveze diviziuni bazate pe o idee iluzorie de supremație rasială, așa cum au făcut în timpul ocupației naziste. Cu toate acestea, creștinul european și american mediu de astăzi nu ar fi dispus să stea alături de cineva cu aspect palestinian, cineva care probabil seamănă cu Iisus pe care pretind că îl urmează.

Creștinismul modern este plin de rasiști și de prostie absolută. Mulți oameni religioși pe care i-am întâlnit în SUA și în țările europene pretind că sunt creștini, dar sunt extrem de rasiști. Asta nu are niciun sens. Cu toate acestea, rasismul poate fi atât de evident încât creștinii nici măcar nu încearcă să îl ascundă, ca atunci când am intrat într-o catedrală din Londra cu o fată albă și blondă lângă mine. Au încercat imediat să vorbească cu ea și să o recruteze, ignorându-mă complet. Am fost martor la acest tip de comportament de multe ori. Nu poți fi creștin și rasist, decât dacă ești un psihopat, un ipocrit și extrem de prost. Aceste trei cuvinte îi descriu cu exactitate pe creștinii moderni.

Capitolul 23: Creștinismul demascat

Cei mai devotați creștini tind să fie persoane foarte rele, deoarece creștinismul, așa cum este el practicat, promovează diviziunea și neîncrederea între creștini și ceilalți membri ai societății. Construiește culte și comunități închise în jurul ideii de superioritate morală și incită la mesaje subliminale de ură împotriva necreștinilor și a ne-albilor, în special în comunitățile în care Hristos este portretizat ca un simbol al supremației albilor, când de fapt este un palestinian.

Am participat la zeci de grupuri creștine diferite de-a lungul mai multor decenii și pot spune fără nici o umbră de îndoială că creștinii sunt unii dintre cei mai răi oameni pe care i-am întâlnit vreodată. Răul lor nu este întotdeauna vizibil pentru ceilalți; el provine din disprețul lor pentru punctele de vedere diferite, din resentimentele lor față de cei care le pun întrebări la care nu pot răspunde, din opiniile lor rasiste și din comportamentul toxic asociat cu dogmele și interpretările lor ale Bibliei. În special, opiniile lor cu privire la sfârșitul timpurilor și bucuria pe care o simt atunci când descriu moartea altor oameni pentru ascensiunea lor sunt tulburătoare şi le dau un sentiment de superioritate iluzorie, similar cu ceea ce se observă la persoanele cu tulburare narcisistă de personalitate.

În ceea ce priveşte întoarcerea lui Lucifer-Dumnezeu din religiile iudeo-creştine, pe care mulţi o aşteaptă, am veşti proaste: Dumnezeu este mort. Conform povestirilor sumeriene, Enki, sau Lucifer, a fost ucis de fratele său, Enlil. Mormântul său se află pe Marte. Enki nu se va întoarce pentru a salva omenirea. Dacă o va face, va fi o înscenare menită să păcălească omenirea să devină complet aservită. Cu excepţia cazului în care, desigur, avem de-a face cu întoarcerea reîncarnării sale, care este mai aproape de credinţele moderne şi antice. Într-adevăr, ar avea sens, dar problema este că creştinii nu cred în reîncarnare. Ei au construit o poveste mult mai ilogică decât anticii, care aveau cel puţin modalităţi mai convingătoare de raţionalizare.

După cum explică William Bramley în Gods of Eden, „omenirea pare să fie o rasă de sclavi care lâncezeşte pe o planetă izolată dintr-o galaxie mică. Ca atare, rasa umană a fost cândva o sursă de muncă pentru o civilizaţie extraterestră şi rămâne o posesiune până în zilele noastre. Pentru a menţine controlul asupra posesiunii sale şi pentru a păstra Pământul ca un fel de închisoare, această altă civilizaţie a generat conflicte nesfârşite între fiinţele umane, a promovat decăderea spirituală şi a creat condiţii fizice neiertătoare pe Pământ. Această situaţie a persistat timp de mii de ani".

După moartea lui Lucifer, zeii au căutat să elimine rivalităţile dintre ei şi să readucă omenirea la vechea sa stare de aservire. Acest lucru a fost realizat prin reprezentanţii lui Lucifer, care au introdus monoteismul şi diverse religii pentru a deruta masele. Pentru ca acest plan să reuşească, ritualurile dedicate lui Lucifer, care ar fi trebuit să reprezinte eliberarea de opresiune, au fost reinterpretate colectiv ca o modalitate de a demonstra supunere faţă de zei. Astfel, botezul, în loc să fie un ritual de eliberare spirituală dedicat lui Lucifer, a devenit un ritual de înrobire faţă de zei. Simbolurile lui Lucifer au fost, de asemenea, separate de adevărata lor semnificaţie şi sunt acum asociate cu răul, cum ar fi şarpele.

Lucifer nu a fost doar un om de ştiinţă, ci şi un zeu-preot, adesea reprezentat ca un şarpe, acesta fiind simbolul ascensiunii spirituale. Şarpele era simbolul religiei sale şi este încă asociat în India cu energia kundalini, care reprezintă ascensiunea energiei noastre vitale prin chakrele corpului. Această informaţie a fost suprimată, iar tot ceea ce reprezenta şarpele a ajuns să fie urât şi temut, ca în sensul biblic atribuit reacţiei lui Dumnezeu la şarpele din alegorie. Ceea ce a fost odată o religie a iluminării a fost coruptă de o religie a dogmei, superstiţiei şi fricii apocaliptice. Omenirea a fost astfel înşelată şi a ajuns să se teamă chiar de învăţăturile care ar fi condus-o la iluminare. Numindu-se unul, zeii au înlocuit cultul anterior al lui Lucifer.

De atunci, adevăratele învăţături ale Spiritului au fost corupte sau ascunse. Acesta a fost cazul tuturor grupurilor noi care au încercat să educe omenirea în misterele oculte, inclusiv al celor care pretind că sunt ramuri ale Iluminismului egiptean. Satanismul, care trebuia să fie o opoziţie la sclavia şi ignoranţa promovate de învăţăturile biblice, a devenit o religie a urii, o victimă a trucurilor credinţei creştine. Budismul, în esenţa sa, a păstrat mult timp învățăturile originale de a atinge nirvana printr-o practică care face persoana mai conștientă. Astăzi, însă, se întâmplă exact contrariul: mulți budiști sunt convinși că scopul budismului este de a nu avea gânduri și de a deveni un nimic, detașat de tot.

Deși putem dezbate dacă Hristos a existat cu adevărat sau a fost doar o invenție greacă, nu există nicio îndoială că învățăturile gnostice asociate cu acest personaj au căutat să ilumineze și să elibereze omenirea de ignoranță, cu învățături care erau paralele cu cele ale lui Buddha. Din acest motiv, mulți budiști au crezut că el ar putea fi al doilea Buddha, destinat să continue învățăturile originale, deoarece mesajul de iubire și încredere în sine era același și ambii vorbeau despre o forță creatoare în univers. Cu toate acestea, aceste învățături au fost pierdute timp de aproape două mii de ani și, odată găsite, au fost complet ignorate de cei care pretind că urmează creștinismul. Creștinii moderni urmează dogma și nu le pasă de adevăr, mai ales dacă acesta îi contrazice.

Deoarece nu există bine și rău, ci mai degrabă un proces de ascensiune în care cea mai mare parte a omenirii se află la bază, religiile abrahamice au ținut omenirea în întuneric cu privire la natura și potențialul său. Prostiile propagate de aceste grupuri funcționează ca un spectacol de păpuși care promovează diviziunea, resentimentele, dualitatea și antagonismul și sunt regizate de aceiași păpușari care joacă ambele roluri în acest spectacol de mii de ani. Exploatând polaritatea dintre frica extremă și supunerea absolută, acest grup reușește să mențină controlul asupra maselor credule, extrem de ignorante și primitive, care imploră să fie înrobite într-o atitudine de supunere totală față de cei pe care îi cred salvatorii lor.

Capitolul 24:
Abraham înșelat

Este ușor pentru forțele externe să înșele oamenii, deoarece religiile abrahamice nu sunt altceva decât un teatru al absurdului. Tot ce trebuie să facă este să-i convingă pe oameni că interacționează cu Dumnezeu, cu demoni sau cu îngeri și să reproducă niște imagini holografice care reprezintă ceea ce au ei în minte. Nu ar fi greu de presupus că cineva ar putea călători înapoi în timp, ar putea arăta o hologramă cu aspectul unui înger unui om antic și l-ar putea face să creadă orice. Cu toate acestea, scrierile antice, spre deosebire de credințele moderne, nu ascund faptul că acești îngeri erau vizitatori de pe alte planete, nu întotdeauna cu cele mai bune intenții față de omenire.

Pe baza acestor fapte, am putea să ne întrebăm dacă Vaticanul este responsabil atât pentru invitarea forțelor malefice, cât și pentru pregătirea exorciștilor pentru a le combate, la fel cum CIA și Mossad pregătesc organizații teroriste cu intenția de a răsturna regimurile pe care nu doresc să le mențină la putere, iar apoi își trimit trupele să lupte împotriva acestor grupuri atunci când aceste organizații devin necooperante. Mai multe investigații, în special cele dezvăluite de reporterul Gary Webb, au dovedit, de asemenea, că CIA aprovizionează traficanţii de droguri din marile oraşe americane şi utilizează banii proveniţi din droguri pentru a finanţa operaţiuni ilegale, în timp ce ucide lent populaţia cu venituri mici a ţării.

Acest joc de-a şoarecele şi pisica menţine masele distrase de propria lor nevoie de supravieţuire, divizate, speriate şi, mai presus de toate, ascultătoare. Atunci când acest lucru nu este suficient pentru a-i ţine supuşi şi sub control, CIA droghează şi hipnotizează infractorii prin diverse proiecte, cum ar fi MK-Ultra, astfel încât aceştia să comită exact ceea ce CIA a jurat să protejeze poporul: împuşcături în masă. Panica generală este o strategie excelentă pentru a-i ţine pe oameni acasă şi a-i distrage, împiedicându-i să intervină în probleme mai importante.

Iluzionişti precum Derren Brown au demonstrat cât de uşor este să hipnotizezi o persoană oarecare de pe stradă şi să o faci să creadă orice, chiar şi un simplu joc arcade. După cum au demonstrat mulţi iluzionişti, marea majoritate a populaţiei este susceptibilă la hipnoză şi va crede orice spui. Aceste tactici sunt similare cu cele folosite de-a lungul istoriei pentru a crea mulţi presupuşi mesia şi profeţi. Mahomed, de exemplu, era semi-conştient sau în transă când îngerul Gabriel i-a ordonat să „Reciteşte!" şi să înregistreze mesajul pe care urma să i-l dea. Porunca îngerului către Mahomed a fost similară cu cea dată anterior lui Ezechiel în Vechiul Testament şi lui Ioan în Cartea Apocalipsei. Când s-a trezit, Mahomed părea să aibă impresia că cuvintele îngerului erau „scrise pe inima sa", ceea ce indica faptul că fusese drogat şi programat psihologic să transmită mesajele pe care le primise.

Misiunea lui Mohammed a fost de a crea o nouă religie numită
„islam", care înseamnă „predare" - un pas înainte în ideea
monoteistă de supunere față de „singurul Dumnezeu". Astfel,
adepții islamului trebuie să se „supună" lui Dumnezeu, iar
din moment ce membrii credinței lui Mahomed sunt numiți
„musulmani", adică cei care se supun, ei formează un alt grup
de oi ascultătoare, oarbe și ignorante. Mahomed a mai spus
că „Allah" este același Dumnezeu cu Iehova evreiesc și creștin.
Așadar, intenția de a crea un alt grup de sclavi pentru a-i pune
pe oameni unii împotriva altora era clară. Acești zei au creat în
mod deliberat diferite religii monoteiste pentru a menține oamenii
într-un război constant și pentru a le întări credința în religia
sclaviei aleasă de ei.

Toate religiile abrahamice au același scop, iar monoteismul, cel
puțin așa cum este prezentat de acestea, a fost creat pentru a
menține oamenii în război în numele minciunii. Acest lucru este
evidențiat de numele ebraice ale lui Dumnezeu - Adonai și Elohim
- ambele la plural, nu la singular, precum și de cuvântul Iehova, care
provine din cuvântul Adonai, și de cuvântul Allah, care înseamnă
Iehova.

Paul Anthony Wallis explică faptul că: „Dacă traducem cuvântul
Elohim în sensul său original, în loc de ceea ce fac traducătorii în
prezent, acesta nu se referă la Dumnezeu în niciun caz. Și dacă
ne îndepărtăm de aceste alegeri arbitrare, pentru că sunt arbitrare,
doar în funcție de ceea ce se întâmplă în acțiune se stabilește
care dintre aceste cuvinte este ales... Și dacă am folosi doar sensul
rădăcinii? Cum s-ar schimba poveștile? În momentul în care se face
acest lucru, poveștile se schimbă, dar nu la întâmplare; modul în

care se schimbă seamănă cu vechile poveşti sumeriene, babiloniene, akkadiene, asiriene şi cu poveştile ancestrale ale culturilor din întreaga lume. Dintr-o dată devine clar că poveştile biblice ale celor puternici sunt o repovestire a poveştilor sumeriene ale poporului ceresc sau a poveştilor mayaşe ale celor care au făcut omul. Ele nu sunt poveşti despre Dumnezeu. Dumnezeu nu este menţionat în ele. Aceste poveşti sunt amintirea contactului dintre strămoşii noştri şi vizitatorii extratereştri care au venit de pe altă planetă, au colonizat Pământul şi i-au modificat genetic pe strămoşii noştri pentru a lucra pentru ei. Aceasta este povestea ascunsă în Biblie. Dacă faci acea singură schimbare în traducere, istoria te priveşte în faţă" (în Jeff Mara Podcast).

Capitolul 25: Extraterestrii și originile

Creștinii urmează involuntar o religie extraterestră și se închină forțelor duale manifestate de aceste entități. Ei caută și evită aceleași energii, ca și cum binele și răul ar fi doar expresii emoționale diferite ale acestor entități. După cum explică Paul Anthony Wallis, „În momentul în care ai două entități care se ceartă despre cât de inteligente ar trebui să fie ființele umane, iar entitatea tradusă ca Dumnezeu dorește ca ființele umane să fie atât de neinteligente încât nici măcar să nu știe că sunt goale, arată cât de interesat este personajul Dumnezeu de progresul uman... În momentul în care faci munca de traducere, îți dai seama că aceasta nu este povestea lui Dumnezeu și a Diavolului care se confruntă, ci povestea Puterilor care se ceartă între ele despre cât de inteligente vor să fie ființele umane. Și există o persoană, o facțiune, care rupe rândurile și spune: „haideți să facem o îmbunătățire, să le ducem de la bărbați la bărbați și femei, să le ducem de la sterili la fertili, să le ducem de la neinteligenți la inteligenți”; și după ce îmbunătățirea este afectată, există un mare conflict pe această temă.”

Această narațiune face ecou poveștilor găsite în textele sumeriene, grecești, nordice și mesoamericane. Aceste povești paralele sunt prezente peste tot în lume. Dacă există vreo îndoială că Dumnezeul avraamic este o multitudine de ființe extraterestre, descrierile lui Ezechiel o pot risipi. Ezechiel ne spune: „Am văzut vedenii ale lui Dumnezeu. M-am uitat și iată că un vârtej de vânt venea dinspre nord, un nor mare, și era un foc strălucitor, și era strălucire în jurul lui, și din mijlocul lui strălucea ceva ca un metal galben. Și din mijlocul lui au ieșit patru făpturi vii. Și înfățișarea lor era următoarea: semănau cu niște oameni. Picioarele lor erau drepte și talpa lor era ca talpa unui picior de vițel; și străluceau ca bronzul ars. Aveau mâini de om sub aripile lor cu patru laturi. Aripile lor erau unite între ele și nu se întorceau când mergeau, ci mergeau drept. În ceea ce privește înfățișarea fețelor lor, aveau față de om și față de leu la dreapta, față de bou la stânga și față de vultur. Când au ieșit, am auzit zgomotul aripilor lor, ca zgomotul multor ape, ca glasul Celui Atotputernic, ca zgomotul unei armate. Când s-au oprit, și-au coborât aripile. Și un glas venea din acoperământul de cristal de deasupra capetelor lor, în timp ce aripile lor se ridicau și se coborau" (1:1-25). Vocea i-a spus lui Ezechiel că era „Domnul Dumnezeul său" (Ezechiel 2:4).

Ezechiel îl descrie pe Dumnezeul avraamic ca fiind mulți, reprezentați ca unul singur, nu simbolici sau angelici, ci ființe reale cu aspect uman. El remarcă faptul că acestea nu sunt atât de misterioase precum le prezintă religia. Potrivit acestuia, „marele nor" pe care călătoreau era în mod clar făcut din „metal". Creaturile arătau ca niște oameni obișnuiți, sau „în chip de oameni", și probabil purtau cizme, deoarece el folosește termenul

„picior de vițel" cu referire la sandalele lor. El nu mai văzuse niciodată astfel de cizme. El menționează, de asemenea, că aveau „mâini umane" și că se deplasau într-un vehicul cu „aripi cu patru laturi", asemănător unei drone moderne. Aceste descrieri se refereau la un vehicul care, pentru Ezechiel, era parte din Dumnezeu. La fel ca mulți alții înainte de el, Ezechiel grupează totul sub cuvântul „Dumnezeu" în descrierea sa, inclusiv vehicule, nave spațiale și extratereștri, deși distinge clar ființele, care par umane. Descrierea lui Ezechiel este în concordanță cu altele din Biblie care sugerează că Iehova, Elohim, Dumnezeu sau orice nume i-am da se referă la ființe ET cu aspect uman care zboară în nave spațiale.

Temperamentul acestor zei este, de asemenea, similar cu cel al oamenilor, în sensul că ei se bucură doar de servitutea absolută și se înfurie la neascultare. Ei ordonă genocidul unor populații întregi care nu li se supun, aducând astfel civilizația în starea sa actuală, dominată de oameni aflați sub controlul lor și al preoților lor. Acest lucru arată clar că ei nu sunt interesați de eliberarea sau ascensiunea spirituală a umanității. De fapt, acest grup este atât de incredibil de psihopat, narcisist și crud încât i-a determinat pe unii să se întrebe dacă provin într-adevăr dintr-o civilizație avansată sau dacă sunt o proiecție a propriului nostru viitor. Cu siguranță, nu există niciun motiv să le venerăm și să construim religii în jurul supunerii oarbe față de învățăturile lor false, menite să mențină omenirea ignorantă și supusă.

Religiile pe care aceste ființe le promovează pentru profeții lor par a fi actualizări constante ale intenției lor de a menține omenirea ignorantă, folosind în același timp aceste grupuri noi pentru a le extermina pe cele anterioare, considerate indezirabile. Acesta este motivul pentru care creştinii i-au persecutat pe evrei şi alte grupuri creştine considerate mai puţin ascultătoare de învăţăturile sclaviei şi mai preocupate de ascensiunea spirituală, cum ar fi catarii. Mai târziu, musulmanii au încercat să facă acelaşi lucru cu toate celelalte grupuri, inclusiv cu creştinii şi evreii. Fiecare religie care provine din acelaşi neam sfârşeşte prin a deveni exact opusul a ceea ce pretinde a fi: nu o religie a iubirii şi înţelepciunii, ci a genocidului şi intoleranţei.

Supunerea oarbă propusă de islam este mai bună decât supunerea oarbă creştină, care este o formă de supunere mai opresivă decât iudaismul. Iudaismul, la rândul său, se îndepărtează de abordarea mai ştiinţifică, spirituală şi etică a spiritualităţii, întâlnită în şcolile mistice din Egipt. Fiecare nouă religie promovată de aceşti ET caută să fie mai opresivă, intolerantă, ignorantă şi represivă decât ultima. Supunerea oarbă faţă de aceşti zei justifică uciderea nevinovaţilor. Acesta este motivul pentru care, atunci când Israelul bombardează Palestina şi ucide mii de copii, aşa cum vedem acum şi în ultimii ani, restul lumii, în special cei de origine creştină sau evreiască, păstrează tăcerea şi protestează doar atunci când este atacată o ţară dominată de ideologia lor religioasă. Această ipocrizie şi acest dispreţ pentru viaţa nevinovată, în special pentru cea a copiilor, arată clar ce reprezintă aceste religii.

Capitolul 26: Cruzimea lui Dumnezeu

Orice persoană cu discernământ ar trebui să recunoască cruzimea Dumnezeului biblic atunci când citește pasaje precum Iosua 10:40: „Nu a lăsat pe nimeni, ci a nimicit cu desăvârșire tot ce sufla, așa cum a poruncit Domnul, Dumnezeul lui Israel". Conform Bibliei, băștinașii din această regiune au fost condamnați la moarte pentru că nu l-au ascultat pe Dumnezeu. Acest lucru a justificat alegerea celor mai ascultători evrei ca favoriți ai lui Iehova. Dacă cei care citesc aceste lucruri în cărțile lor sfinte nu văd nimic greșit și chiar cred că aceste acțiuni sunt justificate, atunci adepții acestui Dumnezeu sunt într-o stare psihotică.

Dacă urmăm gândirea multor creștini moderni din Statele Unite și a sioniștilor din Israel și presupunem că caucazienii sunt mai fideli originii lor ca popor al lui Dumnezeu sau sclavi ideali, trebuie să presupunem, de asemenea, că caucazienii, care sunt cei mai asemănători ca aspect cu acest grup de ființe ale lui Iehova, diferă de ceilalți oameni prin faptul că sunt cei mai cruzi, ascultători, proști și ușor de manipulat. Acest lucru înseamnă că caucazienii au mai puţin potenţial de a se înălţa şi de a părăsi Pământul. Cu toate acestea, înseamnă, de asemenea, că ei sunt cei mai potriviţi prădători pentru a moşteni un Pământ condus de aceşti extratereştri. Acest lucru îi plasează la baza ierarhiei umane, indiferent de cât de violenţi au fost faţă de alţii. Lipsa de compasiune a caucazienilor este o dovadă a stării lor spirituale inferioare.

Adevărata natură şi capacităţile fiecărei fiinţe spirituale au fost întunecate de doctrinele care susţin că numai o Fiinţă Supremă se poate bucura de o existenţă spirituală pură şi de un potenţial spiritual nelimitat şi că această Fiinţă Supremă are pielea albă. Ca urmare, asistăm la rasism chiar şi în culturi în care acesta nu are sens, deoarece evoluţia a făcut ca caracteristicile fizice ale acestor oameni să fie mai întunecate, astfel încât să se poată proteja de lumina soarelui şi să se poată adapta la umiditatea tropicală.

Această mentalitate redirecţionează posibilităţile şi oportunităţile pe care oamenii le au deja în interiorul lor către o sursă externă, limitându-le doar pe baza religiei şi a aspectului. Astfel, ei devin vulnerabili la orice manifestare spirituală sau truc ştiinţific care ar putea fi folosit împotriva lor, fie de către o entitate extraterestră, fie de către alţii cu o asemenea putere şi tehnologie. Această stare de spirit nu numai că le refuză oamenilor propriul potenţial spiritual de iluminare, dar îi şi menţine într-un ciclu perpetuu al reîncarnării pe Pământ, mai ales că li se spune că reîncarnarea este un truc malefic şi nu este reală, aşa că nu vor investiga problema de teama repercusiunilor. Este aceeaşi atitudine pe care au avut-o sclavii din Eden când li s-a spus că înţelepciunea este un lucru rău.

Cât de departe de adevăr trebuie să fii pentru a gândi astfel? Cei care încă mai cred asta nu sunt departe de primatele din junglă. Acest tip de iluzie îi pune pe oameni la mila predicatorilor lor, care, deloc surprinzător, abuzează adesea de această putere, fie extorcând sume mari de bani de la adepţii lor, fie comiţând violuri asupra femeilor şi copiilor.

Religiile abrahamice au devenit o formă sofisticată de manipulare a maselor, permiţând utilizarea tehnologiei avansate pentru a exploata fanteziile şi aşteptările copilăriei. În acest fel, i-a împiedicat pe oameni să acceseze adevărata cunoaştere interioară şi i-a făcut complet neinteresaţi să citească orice nu se află în interiorul coperţilor cărţilor lor religioase. Religia a devenit sinonimă cu prostia, ignoranţa propriului suflet şi credinţa oarbă. Acest lucru se întâmplă în ciuda abundenţei de dovezi care îl descriu pe Dumnezeul Avraamic drept o fiinţă extraterestră.

În Vechiul Testament, de exemplu, este scris: „Au fost tunete şi fulgere şi un nor gros deasupra muntelui, iar sunetul trâmbiţei a fost foarte puternic; şi tot poporul care era în tabără s-a cutremurat. Atunci Moise a scos poporul din tabără în întâmpinarea lui Dumnezeu şi au stat la poalele muntelui. Muntele Sinai era complet acoperit de fum, pentru că Domnul coborâse pe el în foc; fumul focului se ridica ca fumul unui cuptor şi tot muntele se cutremura foarte tare" (Exodul 19:16).

Puteţi crede în nori zburători şi foc din care coboară un zeu, dacă preferaţi versiunea fantastică, sau puteţi să vă depăşiţi creierul copilăresc şi să vedeţi lucrurile aşa cum sunt. Tehnologia OZN. Această tehnologie OZN a produs anumite sunete descrise ca

„fulgere și sunet de trâmbiță" (Exodul 19:16). Aceste scripturi ne oferă, de asemenea, o descriere clară a modului în care Dumnezeu a călătorit într-un nor, atunci când spun: „Domnul mergea înaintea lor [triburile evreiești] ziua într-un stâlp de nor pentru a-i conduce pe cale, iar noaptea într-un stâlp de foc pentru a-i lumina; mergea ziua și noaptea; nu a îndepărtat stâlpul de nor ziua, nici stâlpul de foc noaptea, din fața poporului" (Exodul 13:21-22).

În mod clar, stâlpul de foc se referă aici la luminile provenite din interiorul navei spațiale, deoarece apariția acestui foc sau a luminilor navei spațiale este menționată în multe relatări despre prezența lui Dumnezeu. Astfel, adepții fanteziilor abrahamice au fost înșelați și s-au rugat pentru propria lor înrobire, după cum o demonstrează „mentalitatea de oaie" pe care o întăresc în congregațiile lor și prin faptul că pretind că Dumnezeu este păstorul lor. Imaginați-vă o religie în care oamenii repetă săptămânal: „Sunt o ființă ignorantă fără liber arbitru, iar Dumnezeu mă călăuzește pentru că nu pot gândi singur; sunt doar o oaie proastă".

Cântecele și mantrele religiilor abrahamice pot să nu pară atât de evidente, dar într-un fel sau altul se potrivesc acestei premise. Ritualul canibalic de a bea vin ca și cum ar fi sânge și de a mânca pâine ca și cum ar fi trupul lui Iisus are, de asemenea, puțin de-a face cu admirația pentru învățăturile unui om și mult de-a face cu lipsa de respect pentru existența sa. Cei care spun altceva încearcă să vă convingă că cel mai bun mod de a vă aminti de el după moarte este să pretindeți că îi mâncați trupul și îi beți sângele.

Ce-ar fi dacă ai fi fost ucis cu un băţ, iar oamenii ar folosi aceeaşi armă pentru a-ţi sărbători moartea? Dacă numele tău ar fi Emanuel, dar ţi s-ar spune porc? Pentru că asta înseamnă Isus în latină: porc al pământului (din combinaţia dintre „je" sau „ge", care înseamnă „pământ", şi „sus", care înseamnă „porc"). Apoi sunt creştinii renăscuţi cu absurdităţi şi mai radicale, precum Martorii lui Iehova, care chiar aşteaptă sfârşitul lumii pentru a renaşte în paradis. Este ca şi cum ai spune: „Te rog, omoară-ne pe toţi ca să putem vedea cât de minunată este viaţa de apoi". Această atitudine nu este foarte diferită de cea adoptată de Jonestown People's Temple din Guyana, un alt grup avraamic de creştini născuţi din nou care gândeau exact acelaşi lucru, izolându-se de societate şi neavând încredere decât în proprii membri, înainte de sinuciderea lor în masă.

Capitolul 27: Tactica expusă

Mulți consideră că Martorii lui Iehova nu sunt doar o altă ramură extremistă a religiilor avraamice, ci și o versiune actualizată a unui cult sinucigaș. După mai bine de douăzeci de ani de interacțiune cu membrii lor și de participare la reuniunile lor, am ajuns la concluzia că aceștia folosesc tactici de manipulare comparabile cu cele ale CIA. Ei sunt antrenați în metode manipulatorii de control al minții pentru a recruta noi membri și mint în mod deliberat pentru a atrage mai mulți oameni în grup, justificând aceste minciuni ca acte de credință. De asemenea, au devenit extrem de paranoici față de orice străin care dorește să învețe din grupul lor. Ei efectuează verificări intense asupra vieții personale a fiecăruia, ceea ce depășește abuzul psihologic și duce cu ușurință la hărțuire. Ei folosesc hărțuirea pentru a-și controla membrii. Numeroase povești publice ale victimelor acestui grup coroborează aceste observații.

O privire mai atentă dezvăluie o ideologie foarte paranoică și apatică. Este exact ceea ce își doresc adepții acestei ideologii. Ei nu pornesc niciodată războaie, ci le întâmpină ca pe un semn că paradisul este aproape. Această plăcere sadică pentru război este tulburătoare din punct de vedere psihologic, dar nu este la fel de alarmantă ca panorama mai largă a creştinilor născuţi din nou, care depăşeşte limitele absurdului. Noile forme de creştinism nu sunt altceva decât o spălare în masă a creierului care îi conduce pe oameni înapoi la viziuni învechite şi absurde ale creştinismului, făcându-i să se comporte ca nişte oi apatice care venerează o figură sacrificială în timp ce sărbătoresc cu arma care l-a ucis şi pretind că îi mănâncă trupul. Dacă aş fi un psihopat şi aş vrea să creez o religie, aceasta ar fi una grozavă. Ar include canibalism, ritualuri de băut sânge, batjocorirea unui profet prin celebrarea morţii sale şi un grup de oameni care repetă mantrc şi cântece degradante.

Imperiul Roman nu i-a putut învinge pe vechii creştini masacrându-i, aşa că a trebuit să-i corupă din interior prin distrugerea religiei. Creştinismul de astăzi, cu toate ramificaţiile sale de iluzie în masă, are prea puţin de-a face cu învăţăturile originale. Cu toate acestea, aşa cum am observat deja, marea majoritate a oamenilor nu sunt interesaţi de adevăr. Acest adevăr ne arată că toţi zeii sunt referinţe făcute de om la extratereştri, chiar dacă există un Dumnezeu, o conştiinţă vie în univers, un Creator care uneşte numeroasele familii interplanetare. Această idee este respinsă în favoarea unui anumit grup de fiinţe care se hrănesc cu iluziile bolnave ale oamenilor. Oamenii sunt atât de departe de realitate încât cred că steaua cu cinci vârfuri, un simbol care se găseşte în întreaga natură, în special în flori, este un simbol al adorării diavolului.

Multe interpretări ale lui Dumnezeu încă ascund interferenţa extraterestră, deoarece oamenii sunt imaturi şi incapabili să se confrunte cu realitatea. Ei chiar râd de posibilitatea interferenţei

ET, ca şi cum fanteziile lor ar avea mai mult sens. Multe dintre alegoriile şi supoziţiile din cărţile religioase sunt fantezii care reprezintă mai bine lumea imaginară a oamenilor şi, prin urmare, reflectă nivelul lor cognitiv scăzut. Ca şi în cazul multor alte subiecte, masele tind să simplifice excesiv ceea ce nu înţeleg sau nu acceptă în religie. Este ca şi cum ai avea sute de culori şi le-ai numi pe toate alb sau negru. Dar scripturile sunt foarte clare. De exemplu, cartea Geneza spune: „Cei care au coborât din cer şi au creat omul", nu „Dumnezeu care a coborât din cer". De asemenea, se spune: „Să facem om după chipul nostru" (Geneza 1:26), la plural, nu la singular. Aceste fraze ar trebui să fie suficiente pentru a presupune că există o pluralitate de zei şi o Fiinţă Supremă, numită şi Dumnezeu, Creatorul universului şi al planetelor.

În obsesia lor pentru simplificare excesivă, oamenii au grupat totul în aceeaşi categorie, până la punctul de a-i descrie pe Satana şi pe Dumnezeu în aceeaşi carte, cu roluri interschimbabile. Omenirea a făcut acelaşi lucru când a creat multe nume pentru acest zeu, confundându-l cu Enki şi apoi inventând o figură numită Iisus pentru a simboliza reîncarnarea acestui zeu al soarelui. Nivelul afectării cognitive este atât de incredibil, încât oamenii sunt incapabili să îşi vadă propriile limite şi, în schimb, insultă şi etichetează drept arogant şi blasfemiator pe oricine le arată ceea ce este evident: că majoritatea adulţilor sunt prea proşti pentru a înţelege lucrurile pe care le spun sau propriile cărţi, pe care adesea le interpretează şi le studiază incorect, la fel ca un copil cu dificultăţi de învăţare. Diferenţa este că copiii au adulţi care îi corectează, în timp ce adulţii nu acceptă să fie corectaţi de nimeni.

Dumnezeu, creatorul scripturilor hinduse, a creat Pământul şi numeroasele planete ale universului. Apoi, fiinţele umane au fost create de extratereştri pentru a le fi sclavi, aşa cum au dovedit ştiinţa şi arheologia. Înainte de această interferenţă, existau deja fiinţe umane pe Pământ, probabil mult mai avansate din punct de vedere al conştiinţei, dar nu atât de hotărâte să fie înrobite şi să muncească pentru a trăi, plătind taxe fără a-şi pune la îndoială scopul, aşa cum fac mulţi astăzi şi cum au făcut întotdeauna în trecut. Mulţi oameni vor spune că o viaţă fără sacrificii nu este o viaţă dedicată lui Dumnezeu sau că a nu munci nu este ceva spiritual, deoarece sunt atât de condiţionaţi de implanturile lor genetice încât nu pot vedea nimic dincolo de o stare de aservire până la absurd.

Capitolul 28:
Ascensiunea și sclavia

Dacă ființele umane ar fi iluminate, ar construi o societate de roboți și alte mașini care să lucreze pentru ele și și-ar dedica timpul căutărilor intelectuale și spirituale prin artă, muzică și studiu, așa cum ar trebui să facă civilizațiile avansate. Cu toate acestea, știința seamănă adesea cu ignoranța umană prin negarea interferențelor externe și a necesității de a ne pune la îndoială trecutul pentru a merge într-o nouă direcție, mai degrabă decât să fim observatori pasivi ai unei lumi proiectate pentru noi și menținute cu o credință oarbă. Omenirea mai are un drum lung de parcurs, dar este mai aproape de propria sa înrobire decât de evoluție, mai ales că mulți încearcă să folosească știința pentru a menține omenirea înrobită.

Salvarea în zilele noastre este doar la nivel individual și vine prin discernământ și sacrificarea idealurilor emoționale, cum ar fi nevoia de companie și sentimentul de apartenență la un grup. Această umilință este singura cale către ascensiune și eliberare din închisoarea pe care o reprezintă planeta Pământ. Ea începe cu acceptarea faptului că suntem nemuritori și că Pământul nu este singura planetă locuită, ci una dintre miliardele de planete pe care ne putem renaşte. Ca spirite trezite, trebuie mai întâi să lucrăm la eliberarea noastră pe această planetă prin dobândirea adevăratei cunoaşteri şi apoi să ne înălţăm spre alte tărâmuri unde vom fi liberi de suferinţa şi ignoranţa care fac viaţa pe Pământ ceea ce este. Calea opusă este la un pas de regimurile totalitare, aşa cum am văzut de multe ori de-a lungul istoriei omenirii.

Am văzut ce s-a întâmplat cu coronavirusul. A fost o armă biologică creată de indivizi puternici şi lacomi, dezlănţuită împotriva altor oameni pentru a distruge economiile şi a schimba peisajul politic al lumii, vizând grupuri indezirabile din societate. Şi pentru că oamenii sunt cufundaţi în frică şi dogmă religioasă, au cooperat, adesea cu sprijinul propriilor predicatori, care i-au determinat să ia un vaccin care modifică mintea şi ADN-ul - semnul fiarei Dumnezeu, semnul păcatului sau al sclaviei.

Oamenii sunt atât de scufundaţi şi dependenţi de sistem încât îl consideră normal şi nu pot trăi fără el. Le este teamă să nu moară, să-şi piardă locul de muncă, să nu aibă prieteni şi familie care să-i sprijine emoţional, să fie etichetaţi drept nebuni şi ostracizaţi. Însăşi teama de a nu fi de acord cu această nebunie îi face la fel de vulnerabili ca şi vitele. Oamenii au ajuns să se teamă să nu facă parte dintr-o minciună, dintr-o mentalitate de turmă, pentru că nu cunosc altă realitate. Acesta este motivul pentru care nicio conspiraţie nu va fi acceptată dacă este prezentată împotriva fricii de discriminare.

Cei aflaţi la putere au descoperit că frica este cel mai bun instrument de manipulare a maselor, motiv pentru care religia încă foloseşte frica pentru a aduna un număr mare de adepţi. Cu toate acestea, frica este calea spre întuneric, deoarece ne limitează capacităţile cognitive şi, prin urmare, capacitatea de a ne pune întrebări şi de a ne înţelege pe noi înşine. Această stare ne ţine blocaţi pe această planetă, incapabili să ne înălţăm spre tărâmuri superioare. De asemenea, îi împiedică pe aceşti indivizi să îi ajute pe cei care lucrează pentru eliberarea altor suflete, mai ales din cauza discriminării pe care o impun necredincioşilor, ca şi cum o vacă maro ar fi diferită de o vacă albă sau neagră, sau ca şi cum vacile ar putea fi diferenţiate în funcţie de fermier, ca şi cum vacile nu ar fi toate supuse aceleiaşi soarte.

Adevărata libertate începe atunci când ne eliberăm de lanţurile fricii şi ignoranţei, dar este nevoie de curaj pentru a pune la îndoială structurile stabilite şi a căuta adevărul dincolo de aparenţe. Omenirea are potenţialul de a realiza lucruri măreţe, dar este prinsă într-un cerc vicios în care repetă aceleaşi greşeli şi nu învaţă aceleaşi lecţii. Acceptarea nemuririi noastre şi conştientizarea faptului că Pământul este doar o oprire în călătoria noastră cosmică sunt paşi esenţiali către ascensiunea spirituală.

Societatea ideală ar fi una în care fiecare individ este liber să îşi exploreze întregul potenţial, în care cooperarea şi iubirea prevalează asupra competiţiei şi fricii. O lume în care tehnologia este folosită pentru a înălţa conştiinţa umană, nu pentru a o înrobi. Pentru a realiza această societate, fiecare individ trebuie să-şi asume responsabilitatea pentru propria evoluţie şi să caute adevărul cu curaj şi determinare. Răsplata este adevărata libertate şi ascensiunea către sfere superioare. Alegerea este a noastră: să rămânem observatori pasivi sau să preluăm controlul asupra destinului nostru.

Glosar

Arianism: o doctrină teologică creștină numită după Arius, un presbiter din secolul al IV-lea care susținea că Iisus Hristos nu era divin, ci o ființă creată. Arianismul a fost declarat eretic de către Consiliul de la Niceea în anul 325 d.Hr.

Ascensiune: procesul spiritual de ridicare la un nivel superior de conștiință sau de existență. În contextul acestei cărți, se referă la eliberarea de constrângerile dogmei religioase și la atingerea iluminării.

Consiliul de la Niceea: un consiliu al episcopilor creștini convocat la Niceea în anul 325 d.Hr. pentru a soluționa disputele teologice, în special cu privire la natura lui Iisus Hristos. Consiliul a avut ca rezultat Crezul de la Niceea, care afirmă doctrina Trinității.

Conștiință: este starea de a fi conștient de ceea ce ne înconjoară și de existența noastră. Cartea discută conceptul de trezire a conștiinței ca mijloc de depășire a îndoctrinării religioase și de obținere a eliberării spirituale.

Credință: este a crede în ceva fără dovezi sau probe. Cartea examinează rolul credinței în îndoctrinarea religioasă și efectul acesteia asupra conștiinței individuale.

Cultul lui Hristos: un termen folosit în carte pentru a descrie fenomenul religios şi cultural din jurul figurii lui Iisus Hristos, subliniind aspectele manipulatoare şi de control ale creştinismului organizat.

Dumnezeu biblic: divinitatea descrisă în Biblie, denumită de obicei Iehova sau Yahweh. Cartea explorează ideea că Dumnezeul biblic poate reprezenta fiinţe extraterestre, mai degrabă decât o singură entitate divină.

Ignoranţă: este lipsa de cunoştinţe sau de conştientizare, care rezultă de obicei dintr-un efort deliberat de a ascunde informaţii. Această carte discută rolul ignoranţei în menţinerea controlului religios şi prevenirea creşterii spirituale.

Iluminare: este starea de percepţie şi înţelegere spirituală care transcende conştiinţa obişnuită. Cartea discută despre iluminare ca un obiectiv pentru cei care caută să se elibereze de dogmele religioase.

Înşelăciune: acţiunea de a înşela sau de a induce în eroare pe cineva, de obicei pentru câştig personal sau manipulare. Cartea examinează diverse forme de înşelăciune în instituţiile religioase şi efectele lor asupra societăţii.

Interferenţa extraterestră: ideea că fiinţele extraterestre au influenţat istoria umană şi credinţele religioase. Cartea sugerează că multe evenimente şi figuri religioase pot fi atribuite acestei interferenţe.

Învăţături gnostice: mişcări religioase şi filosofice antice care puneau accentul pe dobândirea cunoaşterii (gnosis) ca mijloc de eliberare spirituală. Diferite de doctrinele creştine dominante, învăţăturile gnostice au fost suprimate de Biserica primară.

Luciferianismul: este un sistem de credinţe religioase sau filosofice care îl venerează pe Lucifer, asociat de obicei cu iluminarea şi rebeliunea împotriva structurilor religioase opresive. Această carte discută interpretările istorice şi contemporane ale acestei credinţe.

Martorii lui Iehova: sunt o confesiune creştină cunoscută pentru predicarea din uşă în uşă, distribuirea de literatură religioasă şi refuzul transfuziilor de sânge. Această carte examinează tacticile manipulatoare pe care le folosesc pentru a recruta şi controla membrii.

Microciparea: constă în implantarea de microcipuri în indivizi în diverse scopuri, cum ar fi identificarea sau urmărirea. Această carte explorează implicaţiile etice şi sociale ale microcipării şi potenţialul său de control şi manipulare.

Monoteism: este credinţa într-o singură divinitate omnipotentă. Cartea discută originile şi implicaţiile religiilor monoteiste, în special în contextul religiilor abrahamice.

Ninth Circle: un presupus cult internaţional de sacrificare a copiilor menţionat în carte, care ar implica autorităţi şi personalităţi religioase de rang înalt. Cel de-al nouălea cerc ar fi implicat în abuzuri şi crime rituale asupra copiilor.

Reîncarnare: este credinţa că sufletul sau spiritul poate renaşte într-un nou corp fizic după moarte. Cartea discută conceptul de reîncarnare în diferite tradiţii religioase şi filosofice.

Religiile abrahamice: Cele trei religii monoteiste principale -
iudaismul, creştinismul şi islamul - îşi au originea în patriarhul
Avraam. Aceste religii împărtăşesc credinţe comune, cum ar fi
adorarea unui singur Dumnezeu şi recunoaşterea lui Avraam ca
figură fundamentală.

Revelaţie: este acţiunea de a descoperi sau dezvălui ceva ascuns sau
necunoscut anterior. Cartea explorează conceptul de revelaţie în
contextul textelor religioase şi al descoperirii adevărurilor ascunse.

Satanism: este un sistem de credinţe religioase sau filosofice
care îl venerează pe Satana, asociat de obicei cu rebeliunea
împotriva structurilor religioase tradiţionale. Această carte discută
interpretările istorice şi contemporane ale satanismului.

Simboluri religioase: obiecte sau imagini care reprezintă idei sau
concepte abstracte. Cartea explorează semnificaţia simbolurilor
religioase şi semnificaţiile lor ascunse.

Trinitate: doctrina creştină conform căreia Dumnezeu este o fiinţă
unică în trei persoane: Tatăl, Fiul (Iisus Hristos) şi Duhul Sfânt.
Cartea explorează dezvoltarea istorică şi dezbaterile teologice din
jurul acestui concept.

Vălul ignoranţei: este un termen metaforic folosit pentru a
descrie starea de a nu şti sau de a fi neinformat cu privire la
anumite adevăruri, de obicei din cauza ascunderii sau a manipulării
deliberate. Cartea discută rolul vălului ignoranţei în menţinerea
controlului religios şi prevenirea creşterii spirituale.

Vatican: organul central de conducere al Bisericii
Romano-Catolice, situat în oraşul Vatican. Cartea discută rolul

Vaticanului în controlul și manipularea religioasă, precum și presupusa sa implicare în diverse conspirații.

129

Cerere de recenzie de carte

D ragă cititorule,

Îți mulțumim că ai cumpărat această carte! Mi-ar plăcea să primesc vești de la dumneavoastră. Scrierea unei recenzii de carte ne ajută să ne înțelegem cititorii și, de asemenea, influențează deciziile de cumpărare ale altor cititori. Opinia dumneavoastră este importantă. Vă rugăm să scrieți o recenzie de carte! Bunăvoința dumneavoastră este foarte apreciată!

Despre autor

Dan Desmarques este un autor de renume, cu un palmares remarcabil în lumea literară. Cu un portofoliu impresionant de 28 de bestselleruri pe Amazon, inclusiv opt bestselleruri numărul 1, Dan este o figură respectată în industrie. Bazându-se pe trecutul său de profesor universitar de scriere academică și creativă, precum și pe experiența sa de consultant de afaceri experimentat, Dan aduce o combinație unică de expertiză în munca sa. Perspectivele sale profunde și conținutul său transformator se adresează unui public larg, acoperind subiecte atât de diverse precum creșterea personală, succesul, spiritualitatea și sensul profund al vieții. Prin intermediul scrierilor sale, Dan îi împuternicește pe cititori să se elibereze de limitări, să-și elibereze potențialul interior și să pornească într-o călătorie de autodescoperire și transformare. Pe o piață competitivă de auto-ajutorare, talentul excepțional și poveștile inspirate ale lui Dan fac din el un autor de excepție, motivându-i pe cititori să se implice în cărțile sale și să pornească pe calea creșterii și iluminării personale.

Scris tot de autor

Technology and Society

Despre editor

Această carte a fost publicată de Editura 22 Lions Publishing.

www.22Lions.com

www.ingramcontent.com/pod-product-compliance
Lightning Source LLC
Chambersburg PA
CBHW060933140726
47996CB00001B/483